现代物流学术前沿丛书第一辑

道路货物运输组织

魏娟 著

经济管理出版社
ECONOMY & MANAGEMENT PUBLISHING HOUSE

图书在版编目(CIP)数据

道路货物运输组织/魏娟著 . —北京:经济管理出版社,2012.2

ISBN 978 - 7 - 5096 - 1742 - 7

Ⅰ. ①道⋯ Ⅱ. ①魏⋯ Ⅲ. ①公路运输企业—货物运输—组织管理 Ⅳ. ①F540.58

中国版本图书馆 CIP 数据核字(2011)第 269884 号

出版发行:**经济管理出版社**

北京市海淀区北蜂窝 8 号中雅大厦 11 层

电话:(010)51915602　　　邮编:100038

印刷:三河市海波印务有限公司　　　经销:新华书店

组稿编辑:王光艳　　　责任编辑:叶蓝天　邱永辉

技术编辑:杨国强　　　责任校对:蒋　方

720mm×1000mm/16　　　11.75 印张　　174 千字

2012 年 3 月第 1 版　　　2012 年 3 月第 1 次印刷

定价:38.00 元

书号:ISBN 978 - 7 - 5096 - 1742 - 7

前　言

　　道路运输作为国民经济的基础产业，是现代社会经济赖以正常运转和发展的基础和保障，是综合运输体系的重要组成部分。道路货物运输生产技术特征决定其市场主体以小型企业或个体经营户为主，分散的市场结构导致运输资源难以得到充分利用。在道路货物运输市场结构短期内难以改变的现实条件下，通过改变道路货物运输组织模式来实现现有资源合理的利用，是道路货物运输的发展途径。市场、企业和介于两者之间的中间性组织是资源配置的三种模式。我国道路货物运输经历了计划经济时期国有大型企业纵向一体化组织和单车分散经营的市场组织，两种模式下资源都不能得到充分利用。

　　《道路货物运输组织》研究处于市场和企业之间的中间性组织模式是如何实现了道路货物运输资源的最优化配置。随着大型运输企业和物流企业的出现，分散的道路货物运输出现了网络化、组织化发展趋势，为本书的研究提供了实践依据。本书对道路货物运输中间性组织模式，及中间性组织模式下交易方式和生产方式发生的相应变化进行研究，对于实现运输资源的合理配置、提高资源的利用率具有理论价值和实践意义，是当前道路货物运输发展中需要研究和解决的重要问题。

　　全书主要内容有以下几方面：①对国内外道路货物运输发展演进进行总结，我国和发达国家的道路货物运输市场结构都是以分散运力为主，但是发达国家通过不同组织模式形成少数大企业与大量分散的中小企业并存的寡占市场结构，而我国道路货物运输却在市场化作用下越来越分散。通过对国内外相关文献及经济组织相关理论进行研究，发现已有的研究成果中对道路货物运输组织的理论研究很少，构建适合于道路货物运输组织的理论分析框架还是空白，因此无法对道路货物运输组织模式进行分析，这也是本书的研究空间。②针对道路货物运输市场的特殊性，建构道路货物运输中间性组织理论。③用道路货物运输中间性组织理论分析道路货物运输中间性组织模式。根据产品、资源、网络的不同发展及组合形成道路货物运输组织的功能维度、形式维度、运作维度三个维度的不同表现形式，道路货物运输组织结构经历了从低级阶段、中级阶段到高级阶段的发展过程。道路货物运输组织发展的高级阶段是在有限局域内形成以成熟运输业务集成商为核心的单核心网络结构。根据网络核心的成熟运输业务集成商类型不同，道路货物运输中间性组织呈现出第三方物流企业生产链、信息平台运营商信息整合和物流园区运营商资源整合的三种具体模式。④对道路货物运输中间性组织模式效益进行分析。运用博弈论的方法分析中间层统一定价、集中交易是如何节约交易费用，降低运输交易过程中的不确定性成本，提高交易效率。运输中间层将运输资源整合起来，在"集聚区"形成集聚效应，用规模经济和时空效应的模型分析道路货物运输中间性组织所形成的"小企业、大网络"的格局如何提高运输供需双方的效益，合理配置运输资源。⑤对道路货物运输中间性组织经验性案例分析。通过世能达公司、内蒙古交通物流公共信息平台、传化物流发展有限公司所形成的中间性组织来具体考察第三方物流企业生产链模式、信息平台运营商信息整合模式、物流园区运营商资源整合模式实际运行中的效益。

在物流理论和实践不断发展的大背景下，现代物流企业将道路货物运输资源组织起来成为业界刚刚开始思考的问题，对该问题的研究涉及多学科交叉的领域。目前国内外相关研究资料比较少，本书研究内容和理论创新的努力面对着巨大的挑战。由于笔者学识有限，疏漏和不当之处在所难免，恳请各界朋友批评指正。

目 录

第 1 章　引言

　　道路运输作为国民经济的基础产业，是人类社会生产、生活中一个不可缺少的重要环节，是综合运输体系的重要组成部分。其机动灵活、流动性强、覆盖面大、适应性强、可以实现"门到门"运输等特点，决定了它比其他任何一种运输方式都更直接、更深入地渗透到社会的每个角落。改革开放以来，随着国民经济的快速发展及公路基础设施的大规模投资建设，我国道路货物运输得到长足发展，服务国民经济的能力显著增强，在整个综合运输体系中发挥着越来越重要的作用。2009 年，全国道路货物运输完成货运量 210 亿吨、货物周转量 36384 亿吨/公里，分别比上年增长了 9.4% 和 10.7% ，占各种运输方式总运量及总周转量的比重分别达到 77% 和 12% 。

　　通车里程增加、各种高等级公路的修建，使道路运输基础设施已经逐渐走向了现代化，但是在道路上奔跑的货运车辆大部分技术水平不高，组织方式以单车分散经营为主。运力供过于求和分散的市场结构引致道路货物运输企业之间恶性竞争，依靠超载、超重违规运作维持生计。落后的道路货物运输组织方式成为制约道路运输业健康、有序发展的"瓶颈"。很多业内人士和专家、学者看到了道路货物运输市场组织的问题，但是尚缺乏从理论上进行深度挖掘分析，在产业经济研究领域研究如何通过产业组织提高资源利用效率是产业经济学研究的一个重要问题。

　　运输产品、运输资源、网络经济的获取及空间组织方式存在着密切的互动关系，它们所具有的特定生产组织方式和技术经济特征对产业结构有着重要的影响。本书试图对道路货物运输组织进行理论研究，以期为道路货物运输的发展提供理论依据。

1.1 研究背景

随着我国经济和社会的快速发展，社会对道路货物运输质量、效率、安全、服务等方面提出了更高的要求，要求道路货物运输低成本、低耗能、高效率、高质量、绿色环保，要求不断提升道路货物运输信息化水平，保障运输的安全、可靠、通畅，而我国道路货物运输的现状却不能满足经济、社会发展的要求。

1.1.1 我国道路货物运输发展现状

我国道路货物运输发展处于经济转轨和产业转型的特殊发展阶段，呈现出以下特点。

1.1.1.1 市场主体经营分散，集约化、组织化程度低

据统计，2009 年全国共有运输经营户 543.3 万户，其中，个体经营户 485.3 万户，占所有经营户的 89.32%；10 辆车以下企业 53 万户，占 9.75%；小企业和个体经营者约占所有经营户的 99%。虽然也有少数 100 辆以上车辆的大型运输企业，但实际上大多数企业的运输车辆属于挂靠经营车辆，企业对车辆没有产权，只收取管理费和服务费，难以进行有效管理和运输生产组织。这些车辆仍属于独自分散经营，也相当于个体运输户。大型道路运输企业由于难以掌握货源，运输量所占运输市场份额很小。如图 1-1 所示。

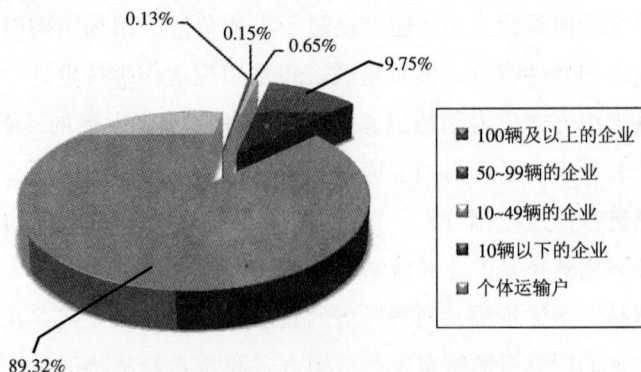

图 1-1 2009 年道路货物运输经营户构成

资料来源：根据中国 2009 年道路运输统计数据整理。

道路运输市场竞争极数偏多，运营车辆的平均实载率较低，仅有56%，车辆空驶率高达48%以上。据抽样调查，因货物流向不平衡而导致的空驶占46.4%，流时不对称占11.2%，其余42.4%是由于未建立或未完善货运代理子系统而造成的。目前，专门从事车货配载服务的运输代理有10万家，规模小且分散，平均每户不足10人。这些运输中介既不具备开展运输业务的场站基地，又无直接参与运输的实力，而大型物流公司的市场份额仅占5%左右，即使业务量较大的专业道路运输企业间的联合体，诸如联运网络、道路货物运输配载协作网，都表现为松散型横向联合或协作，无法实现货运资源的整合，并且它们仅处于货物运输局部服务的较低级阶段，很难向较高级阶段——道路货物运输全程服务阶段发展。由于具有道路货物运输资源整合能力的运输服务企业发展落后，导致了全国范围的运输协调、调度及综合控制能力大大落后于公路与车辆的发展速度，市场中约80%的运输车辆难以与运输中介签订长期固定合同，临时外包的社会车辆通常需要通过长时间的等待才能获得回程货源，货运车辆取得一单货源的平均等待时间都在7~8天，最长可达15天左右。有些大型生产企业或零售企业存在着大量的产品运输需求，而道路货物运输市场分散的运力无法满足这些运输需求，很多企业只能自己组织货物运输。这就形成了一个怪圈，一方是"货找车"，想多快好省地把货运出去；而另一方是"车找货"，却常常空车而返，运输效率处于较低水平。

1.1.1.2 道路货物运输市场信息不对称，诚信机制不健全

由于道路货物运输经营户之间相互封闭竞争，资源组织方式大多是通过市场组织。在一个完善的道路货物运输市场中，托运人和承运人之间可以通过市场价格机制的调节实现运输资源的有效配置。但是在信息不对称导致信用缺失的情况下，市场价格可能会严重背离运输服务价值，"柠檬市场"使得市场机制不能很好地发挥作用，市场中大量存在的是低层次承运人，而快速运输、限时运输、集装箱运输、专项运输等高品质运输需求得不到满足。市场分工和协作秩序混乱，不能按照技术经济特点进行运输组织与管理，不能按照市场规律进行资源配置。

道路货物运输市场信用和服务质量等信息不畅通，诚信机制不健全，没有可靠的信用依据、身份认证和资金监管，社会零散货车难以管理，运输主管部门也不能对其交易过程进行有效监管，运输作业过程"黑箱"的存在很难保证运输的及时性、准确性和安全性。

1.1.2 道路货物运输发展趋势

分散的道路货物运输组织导致运输效率低，在市场作用下逐步向着组织化、规模化方向发展。

1.1.2.1 道路货物运输向有形市场或无形市场集聚

根据交通部 1995 年提出"建立统一、开放、竞争、有序的道路运输市场"的要求，各地道路运输管理部门开始有意识地培育地方运输市场，有形的道路货物运输交易市场逐渐在各地出现，有形交易中心充分借助信息技术优化配载，为车主和货主提供交易支持。同时，交易中心通过对大量车、货信息进行统计分析，发布运价指数，对市场做出预测，能够辅助行业管理并优化产业的市场秩序。据统计，全国这样的道路货物运输交易市场已达到 1460 个。随着现代物流的发展，功能更完善的物流园区建设成为一种新的趋势，将各类运输资源聚集到物流园区，有利于运输资源的有效配置。

我国道路运输行业管理部门和科技信息企业通过建立运输信息平台形成了无形道路货物运输市场，通过信息平台进行信息沟通、整合运输资源提高运输效率已成为普遍共识。据不完全统计，我国中等以上城市主要从事提供货运信息服务的企业已逾千家，有形货运市场和无形货运市场的形成极大地提高了道路货物运输交易效率。

1.1.2.2 大型道路运输企业向规模化、集约化发展

我国经济发达和交通运输条件较好的地区，道路货物运输企业逐渐向规模化和集约化发展，跨区域、跨行业的大型道路货运企业逐渐占据市场主导地位。交通运输部已明确要重点培育和扶持 50 家左右的大型道路运输企业。大型道路运输企业利用自己强大的资金优势和管理优势正在通过收购、兼并、重组等方式并购一些陷入困境的中小企业，"强和特"将是企业生存的基础。国际上大型运输服务企业通过兼并等方式逐渐将网络扩张到全球各地，像美国的罗宾逊公司、联邦快递（FedEx）、联合包裹国际物

流（UPS）、哈波集团物流（HGL）、肖瑞德物流（SL），以及雷德专业物流等公司都进行了跨国并购，在中国形成了公路、铁路、航空等方式组合的多式联运。

近十年来，为了适应定单式生产、供应链管理和准时运输的生产方式，道路货物运输系统发生了相应的变化，运输链服务方案逐步改进，供应链和运输链日益整合并且实现无缝对接。大型运输公司或物流企业逐渐从基本的运输服务转向提供运输链管理，通过合同方式整合社会分散的运力，与中小型的物流公司、运输企业之间的合作越来越密切，大量的中小型运输企业被整合到其运输链中，形成强有力的货运网络，实现集约化和网络化发展，在实现市场扩张的同时逐渐规范运输市场。

随着一批行业巨头企业的出现，道路货物运输将进行国内资源整合甚至将国外市场资源整合，通过网络化经营提高分工水平和运输企业的盈利能力，由大型运输企业发挥市场主导作用已成为不可阻挡之势。

1.2　问题提出

单车分散经营的运输组织是我国道路货物运输集约化发展的最大障碍，改革开放后经过 30 多年的发展，道路货物运输生产分散的格局始终没有根本改变，可见要改变这样的运输市场结构不是一朝一夕能完成的。虽然道路货物运输市场结构没有改变，但交易环节却在发生着不断的变化，从分散的议价交易到货运市场的集中双边议价交易，再到通过由大型运输企业将运输资源整合起来集中交易。越来越多的道路货物运输企业融入由大型运输企业、大型物流企业形成的联盟网络中，形成产业集聚的趋势。在集聚区中运输企业实现生产上的进一步分工和市场细化，道路货物运输生产过程和交易过程进一步分离，市场竞争也由过去的企业间竞争转化为企业间合作形成的企业网络竞争。

大型道路货物运输企业、第三方物流企业的出现，提高了市场的组织化程度，为什么分散的道路货物运输市场不能自发地向集中收敛，而是通过大型第三方物流企业将分散的运力整合起来？第三方物流企业与分散的运力之间是一种什么样的组织模式？运输资源整合模式具体有哪些表现形式？企业经济组织模式根据交易效率的高低情况进行选择，为提高道路货物运输资源的利用效率，道路货物运输集中化组织模式下交易方式和生产方式发生了怎样的变化？

1.3 研究目的及意义

道路货物运输组织的目的是实现运输资源合理配置和利用，本书通过对道路货运组织模式进行系统的研究，分析如何通过网络化、组织化、集约化的跨越式发展提高道路货物运输资源的利用效率。而道路货物运输资源合理配置追求的是整体效率和效益，牵涉面广，难度大，必须对其理论进行全面、深入的研究。本书对道路货物运输中间性组织理论的构建及中间性组织模式的分析，对于把握道路货物运输组织的经济发展规律及组织模式优化具有一定的理论研究价值，通过国内外道路货物运输组织的对比分析及道路货物运输组织模式的实证考察，为我国道路货物运输的发展提供参考依据，具有一定的实际价值。

1.4 基本概念界定

本书中所涉及的基本概念做以下界定。

1.4.1 道路货物运输

传统道路货物运输是指以公路为运输基础、以场站为作业基地、以车辆为工具、以实现货物位移为目的的生产活动。道路货物运输是一种机动灵活、简捷方便的运输方式，由于运输点多、面广、线长，使道路货物运输市场具有明显的市场地点的不固定性，车主、货主双方买卖共兼的两重性。

现代生产发展对运输服务的要求不断提高，道路货物运输不仅完成货物位移，对货物运输的安全、快捷、方便、可靠、经济、完整性和损害赔偿等方面的要求越来越严格。荣朝和（2009）提出完整运输应该是即时制（Just In Time，JIT），在需要的时间和需要的地点进行所需要数量的运输活动。人类过去很长时期的交通运输水平都无法按照 JIT 方式组织大规模社会生产，现代信息技术在运输领域的应用，使道路货物运输将逐步实现 JIT 运输的需求。

1.4.2 道路货物运输组织

组织有动态和静态两种形式，动态的组织是指管理作业活动的连续过程，静态的组织是空间组织。道路货物运输组织也可从动态和静态两方面来描述。动态的道路货物运输组织是道路货物运输的生产组织过程，道路货物运输的生产过程是一个多环节、多工种的联合作业系统，运用车辆、装卸设备、承载器具、场站设施等。通过各种作业环节，将货物从始发地运输到目的地的全过程。动态的道路货物运输组织实现需要将道路、场站、运输工具、运输信息、劳动力和资金等生产要素在企业内部和企业之间进行动态组合。静态道路货物运输组织是把动态组织活动中有效合理的协作关系相对固定下来，所形成的运输生产结构和模式以及企业间相互联系的组织形态。场站、运输工具、运输代理、物流公司、运输信息中介等都是运输组织系统的节点和纽带，这些节点不是由一个公司统一控制，而是为完成运输任务通过各种业务关系相互连接在一起。道路货物运输组织的目的是静态的道路货物运输组织形式通过动态的组织实现运输资源合理配置和利用。

1.4.3 中间性组织

理论界对企业、市场做了很多研究。威廉姆森（1975）在《市场与等级制》一书中，将介于企业组织和市场组织之间的合作性组织称为中间性组织，中间性组织作为一个明确的组织形式被提出。20 世纪 80 年代，研究人员开始明确提出中间性组织理论，并且将原有经济组织理论中的企业和市场二层次分析框架提升为市场、组织间协调和企业的三层次分析框架，从而较好地弥合了传统抽象理论研究和现实世界脱节的鸿沟。

关于中间性组织的界定至今没有定论，中间性组织是一种制度安排，资源配置的机制除企业和市场之外，还有一种混合组织就是中间性组织。中间性组织介于市场和科层组织之间，兼有二者的特征，中间性组织出现的目的是使交易的规制成本降到最低。中间性组织是一种企业之间的协调所形成的企业间网络组织，是在分工进一步扩大的情况下，通过加强企业之间的协调来提高市场反应速度，通过形式多样的契约寻求整个生产系统的有序性和协调性来获得高效率生产过程的社会生产组织方式。杨蕙馨和冯文娜（2005）对中间性组织的定义是：在信息技术的支持下，企业之间基于核心能力，建立在信用基础之上，以合作为目的，依靠价格机制和权威机制配置资源，具有网络特性的相对稳定且普遍存在的一种契约安排。

道路货物运输中间性组织是道路货物运输企业间网络组织形式，网络中各运输节点之间根据长期的或临时的协议形成合作竞争的协作关系，实现资源共享、信息共享，共同完成运输任务，能够迅速满足托运人的运输需求，以最低的运输成本、最短的运输路径实现合理运输。

1.5 研究范围、思路及方法

1.5.1 研究范围

本书主要研究道路货物运输发展过程中产业组织形式的演变规律，侧重于研究产业发展过程中所采用的组织形式与资源整合的关系，及影响组织形式的技术应用，并由此得出我国道路货物运输的发展路径及政策建议。道路货物运输组织包括道路货物运输经营企业内部的组织模式、道路货物运输企业之间的组织模式，本书侧重研究道路货物运输企业之间的组织模式。道路货物运输企业之间的组织模式需要研究两个层次的问题：一是静态的道路货物运输企业间的垄断竞争关系；二是因分工深化引起的企业边界变化和企业间组织的出现。本书主要研究第二层次的问题。若干道路货物运输节点，通过一定的协同关系构成企业间的网络，并且是企业间组织中成熟的具有代表意义的组织模式，没有穷尽所有的组织模式。

本书将道路货物运输企业间网络组织形态具体划分为四个层次，如图1-2所示。[①] 首先是线网及设施设备形成的物理网络层，该层体现道路货物运输的规模和空间分布特点，主要包括运输场站节点布局、数量，运输

---

① 荣朝和（2009）提出运输业网络形态分层分析框架（Transport Network Form Stratifying Analysis Framework），简称 TNFS 框架。

网络的密度、幅员，覆盖服务区域的空间范围。其次是运输设备及服务层，体现道路货物运输技术装备与提供的服务水平，包括服务范围选择，运输技术水平。再次是企业组织层，体现道路货物运输组织方式，运输企业可以利用自身的运输网络组织运输，或是运输企业之间分工合作完成运输，或是运输企业将运输任务外包给其他企业来完成运输。最后是政策及体制层，该层体现道路货物运输的地域特征，如不同国家的经济发展水平不同，消费者的消费习惯存在差异，政府对道路货物运输的支持政策与监管也不相同。道路货物运输网络形态的四个层级之间具有双向影响关系，从政策及体制层向下的关系为经济发展水平及政策体制性质的问题，从企业组织层向下的关系为生产经营问题，物理网络层与运营服务层之间的关系为生产的技术性问题。

对道路货物运输网络组织形态进行研究，除了对每一层内部结构进行研究，层级之间的相互关系也需要进行分析。通过道路货物运输网络层次分析，确定网络化演进的变量，确定影响网络组织的主要变量。

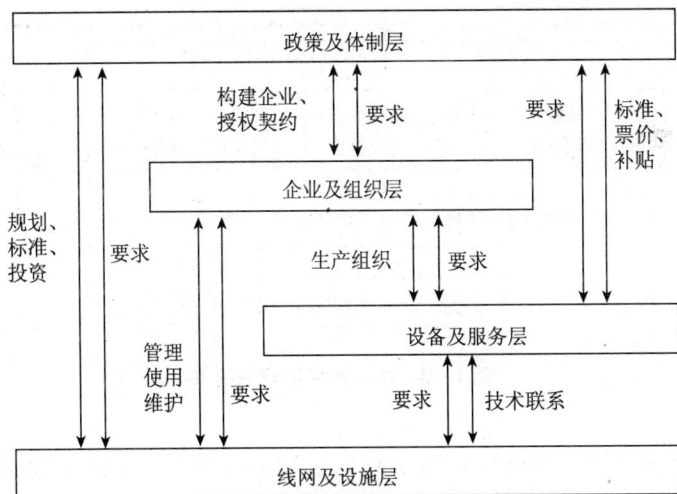

图 1 - 2　道路货物运输网络层次分析框架

资料来源：荣朝和：《关于运输经济研究基础性分析框架的思考》，《北京交通大学学报》2009 年第 2 期。

1.5.2　研究思路

本书从道路货物运输组织的视角研究提高运输资源的配置效率，通过对道路货物运输组织模式及效益评价，为我国道路货物运输发展提供理论依据。本书研究的逻辑主线，遵循从理论研究到实证研究的研究步骤。如图 1-3 所示。

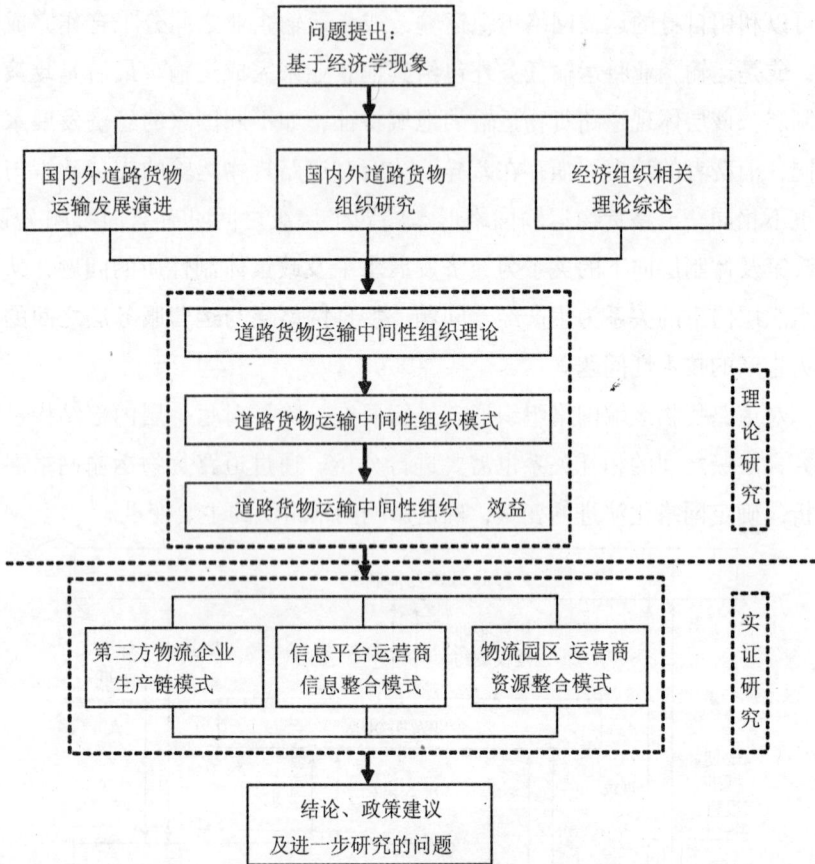

```
                    ┌─────────────────┐
                    │   问题提出：      │
                    │ 基于经济学现象    │
                    └─────────────────┘
        ┌───────────────────┼───────────────────┐
┌──────────────┐   ┌──────────────┐   ┌──────────────┐
│ 国内外道路货物 │   │ 国内外道路货物 │   │ 经济组织相关  │
│ 运输发展演进   │   │ 组织研究      │   │ 理论综述      │
└──────────────┘   └──────────────┘   └──────────────┘
```

┌───┐
│ 道路货物运输中间性组织理论   │   理
│   ↓   │   论
│ 道路货物运输中间性组织模式   │   研
│   ↓   │   究
│ 道路货物运输中间性组织　效益   │
└───┘

┌───┐
│ ┌────────────┐ ┌────────────┐ ┌────────────┐│   实
│ │第三方物流企业│ │信息平台运营商│ │物流园区 运营商││   证
│ │生产链模式   │ │信息整合模式 │ │资源整合模式 ││   研
│ └────────────┘ └────────────┘ └────────────┘│   究
└───┘

```
                    ┌─────────────────┐
                    │ 结论、政策建议    │
                    │ 及进一步研究的问题 │
                    └─────────────────┘
```

图 1-3　本书研究的逻辑框架

首先，总结了国内外道路货物运输演进过程，并对相关文献进行回顾，确定本书的研究空间。

道路货物运输组织的经济学理论研究目前还是空白。企业间的分工提高了生产效率，但是分工又增加了交易成本，中间性组织兼具分工效率与交易效益的优势。将中间性组织理论应用到道路货物运输，针对道路货物运输的特殊性，构建道路货物运输中间性组织理论架构，分析道路货物运输中间性组织的成因、结构、构成及网络效应。

用道路货物运输中间性组织理论来分析道路货物运输组织模式，道路货物运输中间性组织的网络节点企业及其相关关系构成道路货物运输中间性组织的软连接系统，运输场站、信息平台等网络连接纽带构成道路货物运输中间性组织的硬连接纽带，道路货物运输连接纽带在产品、资源、网络的不同表现形式，形成了道路货物运输组织的从初级阶段到中级阶段再到高级阶段的不同发展过程。

对道路货物运输中间性组织模式进行效益分析，通过对中间性组织网络核心企业集中交易提高交易效率的分析，及产业集群的规模经济效益和时空效应分析来论证中间性组织是道路货物运输资源配置最有效率的组织形式。

通过第三方物流企业生产链模式、信息平台运营商信息整合模式、物流园区运营商资源整合模式的具体实例，对道路货物运输中间性组织进行实证分析。

其次，提出本书的基本结论、创新、我国道路货物运输发展的政策建议以及有待进一步研究的问题。

1.5.3 研究方法

（1）经济现象研究需要与其背景结合，从经济学现象发现经济问题。第 1 章从社会普遍存在的道路货物运输资源利用率低的经济现象，找出其中经济学问题，并围绕这一问题进行理论研究和实证分析。

（2）理论研究与实证研究相结合。第 4 章、第 5 章、第 6 章通过理论研究考察道路货物运输组织的实际经济运作状态，分析道路货物运输中间性组织模式及组织效益，从中归纳出可能的经济运行规律。第 7 章进行实证研究的经验分析，用理论分析得出经济规律考察经济运作中的实际案例，通过道路货物运输中间性组织具体模式案例分析，以事实验证理论得出经济规律的正确性。

（3）归纳法和演绎法相结合。第 2 章归纳了我国及美国、日本、欧盟等国家和地区的道路货物运输发展过程，第 3 章归纳了道路货物运输组织已有的研究成果及有关经济组织的理论综述，找出道路货物运输组织的一般原理和普遍规律。第 8 章通过运用演绎法，将普遍规律应用到中国的道路货物运输组织，得出中国道路货物运输发展的政策建议。

（4）定性研究与定量研究相结合。通过对道路货物运输组织发展阶段演进及高级阶段组织模式研究，对道路货物运输组织的发展规律做出定性判断。用博弈论模型、时空模型等对道路货物运输中间性组织效益进行定量分析。

第 2 章　国内外道路货物运输发展演进

美国、日本、欧盟等发达资本主义国家和地区奉行市场经济体制多年，货运市场组织发展比较成熟。与发达国家相比，我国道路货物运输组织发展比较落后。从各国道路货物运输经验看，道路货物运输发展的不同阶段，不同运输企业或运输服务提供商所面对的市场需求以及所能够提供的服务层次是有差别的，运输组织结构也不断变化，可以说道路货物运输发展的历史就是在保持资产和经营分散基础上如何实现资源整合的历史，以及如何采用科学技术提高效率、降低成本、满足不断提升的市场需求的历史。

2.1　美国道路货物运输发展演进

自 1885 年德国人 K. 本茨发明汽车算起，道路运输业已有 100 多年的历史。道路货物运输是支撑美国经济发展的重要基础，20 世纪 50 年代以后，交通运输的产值仅次于制造业居于第二位。美国货运协会主席比尔·格拉弗斯表示，美国道路货物运输市场的潜力巨大，2016 年其在货运收入中所占比例将达 88%，货车运输量也将增加到 130 亿吨/年，其市场占有率将上升至 69.1%。美国道路货物运输的发展得益于美国道路运输组织体系十分发达。

2.1.1　美国道路货物运输组织发展历程

"需求—供给"、"投入—产出"分析是经济学最基本的两个分析范式，影响道路货物运输组织发生变化的基础条件是需求要素、供给要素。影响运输需求变化的因素主要有：第一是经济要素，包括经济发展水平、产业结构、产品结构和生产组织方式等，这些变化将带来运输品类、运输质量和数量的变化；第二是空间要素，包括市场容量、市场范围。影响道路货物运输供给变化的主要因素是提供道路货物运输服务的运输技术、基础设施等。

2.1.1.1　美国道路货物运输发展趋势

在20世纪初期，美国经济主要是农业经济，货物运输产品主要是大宗农产品，货物运输特别是内陆运输主要依靠铁路。1904年美国只有704辆卡车。1916年，美国国会通过了"联邦道路法"标志着道路运输业登上历史舞台，20世纪初市场上出现了许多新产品。这些新产品尺寸小、重量轻，不适合用铁路运送，最适合用卡车或者拖车运输。而此时生产和商贸企业的道路货物运输主要由自有运输完成，商业运输服务企业规模小，处于分散状态，主要是"家庭运输"的组织形式，还没有专业化分工。到1933年，美国生产和商贸企业自有卡车总数为3226747辆，而从事营业性运输的卡车数量仅为300000辆，并且85%的营业性运输企业所拥有的卡车数量不超过2辆。① 另外，受卡车运输能力的限制，1920年道路货物运输最大有效运距仅为50英里，② 以提供短途运输服务为主，大部分长途货物运输以铁路运输为主。营业性道路运输没有统一的运输组织方式，政府对道路货运企业并没有区域、线路的限制，只要卡车货运不违背商业法规即可，运输线路混乱，企业之间处于无序竞争状态。1935年出台了《机动车辆运输法》（Motor - Carrier Act of 1935，MCA - 35），规定道路运输业归州际商务委员会（Interstate Commercial Commission，ICC）管理，从法律上促使了道路运输企业组织规模发展壮大。

20世纪50年代中期，美国进入了经济持续增长和现代化发展时期，道路货物运输需求总量增长，并且从大宗产品运输需求转向小批量、多品种、高附加值的运输需求，对运输的时间性、可靠性和"门到门"运输等

---

① 资料来源：Federal Motor Carrier Act. Columbia Law Review. 1936，36（6）：945 - 953.

② 资料来源：Anthony F Herbst，Joseph S K. Some Evidence of Subsidization：The U. S. Trucking Industry，1900 - 1920. The Journal of Economic History. 1973，33（2）：417 - 433.

提出了更高要求，导致了零担运输的出现。联邦 1980 年汽车运输企业法案（Motor Carrier Act of 1980，MCA - 80）解除对州际卡车运输企业的大部分经济管制，及 1980 年汽车承运人法案的实施，导致道路货物运输企业迅速扩张，运输公司的数量猛增，仅 1980～1985 年符合 ICC 规定的道路货物运输企业增加了近 20000 个，增幅达到 100%。此后道路货物运输出现了以下两种发展态势：

（1）整车运输企业发展迅速。放松管制后新进入的大部分都是小公司，并且绝大部分都是整车运输公司。整车运输从 1985 年的 803 家猛增到 2009 年的 5026 家，平均每车货运量为 12 吨，主要经营方式是个体户经营，或公司雇用驾驶员从货物起运点装车直接送达收货人，通常没有工会，经营者竞争激烈。整车运输量占汽车货运总运量的 45%，而收入仅占 37%，随着加入者增加，平均收益还在大幅下降。整车运输企业为了确保车辆的利用率和低成本，往往集中在货源地，并有往返相对平衡的货物流量的运输通道上。

（2）零担运输趋于集中聚集。美国道路货物运输市场发展的一个重要特点，就是零担运输在出租运输市场上扮演重要的角色，成为影响道路货物运输发展的重要因素。零担货运量占汽车货运总运量的 3%，而收入占 16%。放松管制后，伴随整车运输数量激增的是大型零担运输公司数量的逐步减少。零担运输需要有一定的站点和网络，从分散的客户手中整合大量的货物，集中后进行长途运输。相对于整车运输进入壁垒高，新进入的企业少，并且在位企业为了争夺货源展开激烈的市场竞争，许多公司要么破产，要么通过合并重组的方式与其他公司联合，如 2002 年 9 月美国联合货运公司（Consolidated Freightway）宣布破产，2003 年 12 月 Roadway 公司和 Yellow Freight 公司合并。在 20 世纪 70 年代，零担运输企业已从 30 年代的 8 万多家，减少到 15000 家之后数量继续下滑，从 1984 年的 353 家减少到 2009 年的 80 家，同时零担运输企业规模逐渐变大，平均拥有车辆数为 200 辆。少数运输企业在激烈的市场竞争中脱颖而出，如加利福尼亚州的"统一货运公司"和芝加哥的"联合包裹营运公司"都拥有 1 万多辆车，营业额均在 3 亿美元以上，基本上垄断了各州之间的货运。随着零担运输企业规模的扩大，运输收入越来越向为数不多的几家大型运输公司集

中，如 1978 年前四家最大的零担运输企业收入占零担运输总收入的 20%，
1985 年该比例上升为 35%。

2.1.1.2 美国道路货物运输市场结构

美国道路货物运输大小企业并存，小企业居大多数。2009 年，共有 70
多万家注册的长途道路货物运输公司，其中 89% 的运输企业少于 6 辆车，超
过 20 辆车的企业仅占 3%，7~20 辆车的企业占 8%。但是市场集中度却很
高，大型道路货物运输企业约占道路货物运输企业总数的 4%，而年收入却
占到 78%；小型道路货物运输企业占 90%，而年收入仅占 8%。州际商务委
员会根据公司的年收益划分公司大小，把公司分为一级、二级、三级。由于
经济的逐步发展，如表 2－1 所示，划分收益标准的美元数量也在不断调整。

表 2－1　州际商务委员会（ICC）根据公司规模划分的历年公司数

单位：家

年份	一级	二级	三级	总计
1960	2001	18871	—	20872
1970	2053	17544	—	19597
1980	1834	15298	—	17132
1985	1053	2276	12947	16276
1990	1250	2615	11700	15565
1995	1571	2016	11468	15055
2000	885	2670	12450	16005
2005	742	3104	14941	18787
2009	689	2418	23373	26480

资料来源：American Trucking Trends（various issues），2010.

表 2－2　不同规模整车运输公司的收入状况

卡车数量（辆）	运输收入（百万美元）	所占比例（%）
1~5	9768	8.9
6~24	12369	11.2
25~99	25597	23.3
100~499	27250	24.8
500 以上	35059	31.9
总计	110042	100.0

资料来源：Mercer Management Consulting. Just in Time to Wait：An Examination of Best

Practices for Streamlining Loading – Unloading Functions. Prepared for the Truckload Carriers Association, 2009 (6).

表 2 - 3　美国前 50 家零担运输公司收入百分比

单位:%

企业群	营运收入比例		相对变化
	1995 年	2009 年	
前 3 家公司	25.7	41.0	59
前 5 家公司	36.0	51.9	44
前 10 家公司	49.6	66.4	34
前 11 ~ 20 家公司	18.9	15.5	- 18
前 21 ~ 30 家公司	13.8	8.8	- 36
前 31 ~ 40 家公司	10.1	5.6	- 45
前 41 ~ 50 家公司	7.7	3.7	- 51

资料来源: Michael Browne, Julian Allen. A Comparison of Deregulation in the Road Haulage Market of the UK. EU and USA. Privatization and Deregulation of Transport. New York: St. Martin's Press, 2009: 287.

　　在美国,道路运输市场存在两极分化现象:一方面是以零担货运为主的少数规模庞大覆盖全国的大型运输企业,另一方面是以整车和集散货物为主的数量众多分散各地的小型运输企业以及个体运输。随着以互联网技术为基础的网络经济的迅猛发展,经济社会对货物运输,特别是物流配送服务效率和组织化程度的要求更高,美国道路货物运输产业的组织结构,有向市场结构集中度更高、运输企业规模更大发展的趋势。少数在竞争中成长起来的道路货物运输企业规模进一步扩大,逐步控制了国内甚至全球的运输市场。

2.1.2　美国道路货物运输组织模式

　　美国道路货物运输市场结构从总体上看虽然是分散的,但却"零而不乱、散而有序",主要是因为大企业通过运用现代化运输市场组织模式,将零散的运力资源实现有效整合,形成分工协作的组织系统。

2.1.2.1　信息平台整合运力资源

　　美国公共物流信息平台一般由信息中间商搭建经营。因为一些中小型运输企业没有资金实力自己来建设信息平台,而购买一套大型信息软件的价格很高，并且一般有 60% ~ 70% 的功能企业暂时不用，浪费严重。一些运输企业可以根据企业实际情况加盟到信息中间商平台中结成合作伙伴，提供信息平台服务的企业通过会员制为加盟企业提供数据库、运输管理、仓储管理等方面信息服务。美国道路货物运输企业通过信息平台整合运力资源有两种模式：

（1）信息中间商整合运力资源。如美国的 Capstan 公司，通过建立一个公共信息平台，把供应商、生产商、零售商、运输服务商、承运人、海关、金融服务等信息都集中到平台，通过平台交换数据，完成物流服务活动；Transplace.com 由 J. B. Hunt Transport 等六家企业合并运输而成，拥有 91000 辆拖挂车，38000 辆牵引车和大约 48000 名职业司机，具有强大的运输生产能力；Logistics.com 是行业中立交易商，提供运输需求与运输能力的自动匹配与优化服务，在客户不需要购买、安装并尽量利用现有员工的前提下，为客户提供一个客户化运输管理系统（TMS）软件包，通过管理现场交易等各种运输交易形式，创造专门的和定向的交易市场，提高参与者客户交易的灵活性。

（2）信息服务中介组织整合运力资源。美国国内有数量众多，规模较大的运输信息服务中介组织，为运输业主提供运输信息服务。其中成立于 1933 年的美国卡车司机协会（ATA）是规模最大、影响最广泛的，美国卡车司机协会总部设在美国亚利桑那州，共有 250 名从业人员，其主要业务是利用信息网络为美国卡车运输行业的 900 万人和 32.2 万家公司提供运输业务信息服务，实现市场供需信息集散和运输交易撮合。

2.1.2.2 运输企业之间分工合作

运输企业之间分工合作主要有三种形式：

（1）企业合作。少数大规模运输企业是稳定和主导运输市场的重要因素，在运输市场上具有强大的竞争能力和生存发展能力。一方面道路运输市场的多样化为大量分散的中小型运输企业提供了经营空间。中小型企业具有机动灵活、一次性资本投入少、成本低等优势，在货物整车运输、中短途运输、包车运输以及区域运输等方面，发挥着十分重要和积极的作用，成为大型运输企业在整车运输和集散货物运输方面的辅助和补充。另一方面由于大型企业在广大地域内实现了大规模、专业化生产，因此成本低、效率高、服务质量好，掌握着大型零售企业和制造企业的稳定货源。在利用自身的信誉、信息、网络等优势获得货源之后，将部分运输业务外包给其他的中小型运输企业进行运输，构建运输网络。大型运输企业与个体经营户或中小型运输企业通过签订运输服务合同，完成当地的配送运输，与各类运输公司之间形成补充与协作的关系。这样大型企业可以减少购置车辆成本，中小型企业和个体经营户可以获得稳定的货源。

大型运输需求客户对运输数量和质量的要求非常高，是运输市场中的高端部分。为了满足大客户对运输的数量、营运安全、服务质量、诚信等严格要求，大型运输企业利用规模化、网络化运输提高运输效率。同时，也对大型运输企业的经营管理理念、行为、模式提出了严格的要求。大型运输企业经营理念和行为代表了行业的先进生产力水平，对整个运输市场健康、有序发展具有引导作用，推动了中小型运输企业采用先进的技术装备、管理水平，并且不断提供高质量服务。

（2）企业联合兼并。扩大市场规模的偏好使得运输企业通过各种手段扩大资产数量，一些大型的道路货运企业通过企业兼并，将不同地区的中小型企业合并为一家企业，通过资本集聚扩大企业经营范围，而道路货运业拥有反垄断措施的豁免权使得这种模式能够实现。2000 年，6 家最大的上市汽车货运企业联合组织了一个第三方物流及运输管理公司（Transplace），雇用 700 个雇员，与全世界 5000 多家承运人有协作关系，为客户提供网络配载、第三方物流、各类货运等服务，开发减少空驶、减少闲置时间、在网络范围内提高实载率的密集网络效率（DNE）平台。其中 70% 的业务通过 EDI 进行，其中 90% 使用 X12 标准，每月处理 1000 余家贸易伙伴的商务文件百万余份，对上百万辆整车货物进行跟踪管理，Transplace 公司还为拥有自用车队的客户服务，负责货物配送到各零售商的运输。联邦快递（FedEx）也是通过不断收购兼并发展起来的，在美国国内拥有 226000 名雇员、合同承包商和团体成员，网络遍及世界 220 个国家和地区，年营运收入达 290 亿美元。

（3）运输联盟。是中小型运输企业之间的合作形式，由于管制条款的限制，以及稳定的运价，不同线路和区域的从事商业运输的中小企业采取运输联盟的形式实行联合运输。

20 世纪 80 年代之后，美国的道路货物运输经过近 20 年的发展，逐步形成综合的第三方物流服务商、专业的运输、仓储服务商和区域性配送服务商分工合作的产业形态，各类运输服务商面向细分的市场培育核心能力，客户可以选择功能性运输服务商，也可以通过第三方物流服务商来整合功能性运输服务商，提供一体化运输解决方案。2009 年，美国道路货物运输成本为 9100 亿美元，占 GDP 的比例从 1990 年的 16.2% 下降到 8.7%，其中库存持有成本 2980 亿美元（含仓储成本 780 亿美元），显示了美国运输合理化的成效。

2.1.3　美国道路货物运输发展环境

美国道路货物运输发展离不开其优越的技术环境和政策环境，主要体现在以下几方面。

2.1.3.1　运输网络全球化

美国大型运输企业、物流公司在全国甚至全球建立起了运输网络，利用网络经济特性，降低成本，提高竞争能力。道路货物运输一级和二级企业通过提高运营线路的长度增加单车的载货量来降低成本，网络的规模和强度是决定市场竞争力的关键因素。

2.1.3.2　运输装备大型化和专业化

经过 20 多年的发展，美国道路货物运输形式已由过去单一的整车运输发展到零担货物运输、集装箱运输、特种货物运输、危险品运输、冷藏货物运输等多种专业化运输形式并存的局面。运输工具呈现以下特点：道路货物运输车辆向专业化方向发展，拖挂车辆、专用车辆等成为道路运输的主要形式。用专用车辆运送特定货物，较好地实现运输工具与货种间的相互配合，减少货损货差，同时减少了不必要的加工包装环节的费用，降低了成本。由于专用车辆带有专门的装卸设备，装卸时间短、效率高，如可以在不同运输方式进行换装集装箱运输，减少了作业量，极大地提高了作业效率。美国道路货物运输车型主要以大型厢式半挂车为主，截至 2009 年，全美共有 660 万辆重型卡车，其中 290 万辆为 8 类车（4 轴厢式半挂车），占车辆总数的 43%。拖挂运输完成的货物周转量占总量的 70% 以上，全美拖挂车每年运行 1180 亿英里，运输范围覆盖了全美 80% 的地域。车型结构大型化不仅是市场选择的结果，更是政府宏观调控的结果。以美国道路货运的主要车型厢式半挂车为例，在保证运输安全的前提下，为了适应经济、社会发展的需求，美国政府对半挂车长度的限制从最初的 40 英尺，逐步延长到 48 英尺，最后增加到目前的 53 英尺，这充分体现了美国政府政策的灵活性。

2.1.3.3　运输组织与管理信息化

20 世纪 90 年代以来，信息技术的不断提高，互联网与电子商务的普及，改变了传统运输由于缺乏信息反馈只能实施粗放管理的状态，为在全球范围内实现数字化精确管理的高效现代运输提供了技术可能。美国道路货物运输离不开公共运输信息化的发展，目前美国是世界运输信息化最为发达的地区。

道路货物运输企业普遍采用基于互联网的电子数据交换技术（Web EDI）进行企业内部、企业间的信息传输，实现上、下游企业间业务信息传递与处理的无纸化；应用射频识别技术（RFID）和条形码技术（Bar - Coding），提高信息采集效率和准确性；广泛应用卫星定位系统（GPS），及时准确地掌握辆车位置、装载货物、运行状态、到达时间等信息，合理安排运力和路程，最大限度地发挥运输潜力；广泛应用运输管理系统（TMS）和仓库管理系统（WMS）来提高运输与仓储效率。道路货物运输企业大都建立了车辆调度、保养维修、生产经营、人事劳资、财务统计等方面的计算机管理信息系统，加强了日常管理水平，提升了服务质量。

2.1.3.4　发展的政策环境

美国政府为保证在自由竞争的市场环境下道路运输服务安全，针对道路货物运输行业制定了详细的安全管理措施，形成了以准入、营运、退出三大环节为管理重点，以驾驶员、车辆、企业为管理对象安全管理体系，如表 2 - 4 所示。

表 2-4 美国政府对道路货物运输业的安全管理体系

管理环节	管理对象		
	驾驶员	企业	车辆
准入环节	营运驾驶员专项考核	严格安全准入	车辆安全技术条件
营运环节	驾驶时间规制、从业人员档案制度	企业安全审核制度	车辆动态监管
退出环节	取消营运驾驶执照	企业计分制度,吊销营运资格	NAS 车辆报废标准

美国道路货物运输低税负降低了营运成本。从美国道路货物运输的成本结构看,驾驶员的工资费用和管理成本所占比例较高,而燃油(包括燃油税)只占总成本的6%,没有通行费和其他的公路规费。以世能达公司的营运成本为例来进行说明,如表2-5所示。

表 2-5 2009 年世能达公司营运成本利润构成比重

成本项目		所占比重(%)	备注
可变成本	外包费用	34	公路、铁路等第三方承运商的运费
	司机工资	20	包括工资、培训、福利
	设备购置维护	10	拖车、挂车的维护
	燃油	6	
	安全投入	3	保险和重大事故赔付,其他安全投入
	其他	12	车队管理,小件用品
	合计	85	
固定成本		9	管理成本,网络、信息技术投入
利润		6	

资料来源:世能达企业内部统计报告。

2.2 日本、欧盟道路货物运输发展演进

与美国道路货物运输组织主要是以大型运输企业、物流公司为核心将分散的运力整合起来相比,日本、欧盟突出的特点是通过"合作社"的模

式组织分散的运输市场。

2.2.1　日本道路货物运输发展演进

日本道路货物运输（在日本称为汽车货运）在货物运输中占有重要地位，根据日本国土交通省的统计数据，2009 年日本国内货物运输量是54.456 亿吨，其中汽车货物运输量是 49.659 亿吨，占 91.2%。与美国类似，日本的道路货物运输组织结构也是在特定的经济、制度环境下，道路运输企业自由竞争逐步形成的。

2.2.1.1　道路货物运输历史演进

20 世纪 50 年代中期到 60 年代初期，日本道路货物运输还处于发展初级阶段，道路货物运输企业规模较小，生产商贸企业自有运输比例相当高，自有运输规模大于商业运输规模。如表 2 - 6 所示。

表 2 - 6　日本 1955 ~ 1965 年道路货物运输车辆构成比例

年份	商业运输（辆）	自有运输（辆）	自有运输比例（%）
1955	158000	411000	72.8
1965	380728	775563	67.1

资料来源：根据日本国土交通省的统计数据整理。

1966 ~ 1973 年是日本经济高速发展阶段，产生了大量的原材料、半成品和产成品的运输需求，为了满足经济的高速发展，道路货物运输企业逐渐扩大经营规模，但是市场仍以小型企业为主。20 世纪 70 年代初，日本只有 1 ~ 10 辆车的汽车运输企业占到了企业总数的 61.5%，而有 500 辆车以上的企业仅占企业总数的 0.1%。1989 年对《运输法》进行了修改，放宽车队数量限制，区域运输车辆最少数量限制从 15 辆减少到 5 辆，道路货物运输迅速发展，运输市场结构以个体经营户或小型经营户为主，表 2 - 7 为日本 20 世纪 90 年代道路运输企业规模的数量等级数。

表 2 - 7　日本 20 世纪 90 年代道路货物运输不同规模企业构成

按车辆数分			按员工数分			按资本金分		
区分	社数(个)	构成(％)	区分	社数(个)	构成(％)	区分	社数(个)	构成(％)
1～5 辆	8107	20.4	1～10 人	13530	34.0	个人	4747	11.9
6～10 辆	8638	21.7	11～20 人	11854	29.8	100 万日元以下	2572	6.5
11～20 辆	11079	27.8	21～30 人	6383	16.0	101 万～300 万日元	6158	15.5
21～30 辆	5193	13.1	31～50 人	4202	10.6	301 万～500 万日元	5353	13.5
31～50 辆	3915	9.8	51～100 人	2758	6.9	501 万～1000 万日元	10224	25.6
51～100 辆	2160	5.4	101～200 人	767	1.9	1001 万～3000 万日元	8349	21.0
101～200 辆	549	1.4	201～200 人	159	0.4	3001 万～5000 万日元	1218	3.1
201～500 辆	108	0.3	301～1000	104	0.3	5000 万～1 亿日元	492	1.2
501 辆以上	25	0.1	1001 以上	17	0.1	1.1 亿日元以上	348	0.9
……	……	……	……	……	……	公营企业	313	0.8
合计	39774	100.0	合计	39774	100.0	合计	39774	100.0

注：从业人员 300 人以上，资本金 1 亿日元以上的企业 48 家。

资料来源：周孝本：《访日考察体会》，《汽车运输研究》1995 年第 10 期。

根据日本国土交通省的统计数据，2009 年日本道路货物运输经营户达 62056 个。其中，一般道路货物运输经营户 57167 个，特定货主的道路货物经营户 806 个，零担货物运输经营户 282 个，运输车辆在 20 辆以下的占整个道路货物运输经营户的 76.8%，在 100 辆以下的占 98.3%。如图 2 - 1 所示。

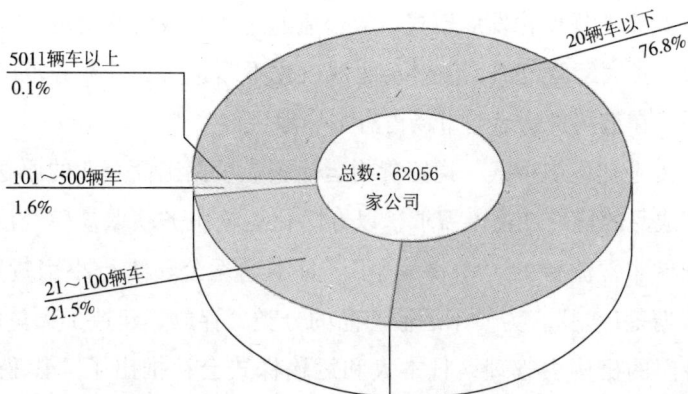

图 2-1　2009 年日本汽车货物运输公司规模

资料来源：根据日本国土省统计数据整理。

日本道路货物运输市场结构以分散的小型企业为主，20 世纪 90 年代后，一批规模庞大的企业逐渐发展起来，并基本控制了运输市场。如福山通运、佐川急便、日本大和、西宏运输、日本通运等大型运输企业的出现，这些企业拥有车辆数均在万辆以上，创造了较好的规模效益，形成了专业化分工与协作的组织结构。

2.2.1.2　道路货物运输组织模式

日本道路货物运输市场主体是分散的小型运输企业，但是少数大型运输企业控制市场，在分工协作基础上大、中、小企业共存，形成了大企业带动小企业的格局。分工协作的格局主要有三种组织模式：

（1）"合作社"组织模式。运输省为了将小型货运企业组织起来，将企业按地区和所运货种的不同，组成"合作社"，合作社是一种主要在业务经营方面实行合作的组织，合作社组织的主要职责包括以下几方面：统一受理货物运输业务、统一签订业务合同、统一货源分配、共同调配车辆，同时还共同购置器材、机器设备等，共同建设运输场站设施（如汽车站、保修厂），共同建立情报网络系统和采用先进电子技术进行管理。合作社组织的成立减少了重复行驶的距离，提高了车辆实载率，降低了燃料消耗及减少管理费用，对中小型货物运输企业经营的科学化、合理化起到了很大的推动作用。1966 年合作社有 240 个，五年后发展为 534 个，五年中增长了 1 倍多，目前参加合作社的企业数已达全部汽车货运企业的一半。

（2）大企业规模化发展模式。大企业通过兼并或者联盟的形式整合中小型企业，扩大经营范围，使得企业规模化不断扩大，其业务范围逐渐向全球扩展，在道路货物运输市场占有主导地位。

（3）专业化发展模式。道路货物运输企业根据工商企业的原材料、半成品和产成品的特殊性物流需求，以专门化运输服务获取规模经济性，如日本运输界非常流行的"动物战争"。日本通运公司进行小宗货物运输，推出了"塘鹅计划"，为便于运输产品的分类、存放，建造了大量的仓库，并设立专门的机构去管理；日本大和运输株式会社推出了"黑猫计划"，建立新的运输作业体制，创立了宅急便、宅配便、特急便等运送方式。

2.2.1.3 道路货物运输发展的技术条件

随着道路货物运输组织向着组织化、集约化发展，运输生产进入合理化发展阶段，信息化、现代化技术得到广泛使用，自动化仓库、搬运车、自动分拣系统等技术减少货物运输企业的时间消耗，降低劳动力成本；利用信息技术进行网络化经营，组织多家运输企业结成虚拟企业模式，在全国乃至国外发展运输业务；利用信息技术进行供应链管理，为保证快速、准确满足消费需求，供应商、生产商贸企业、道路货运企业结成战略联盟，共享供应、生产、物流实时信息，推进运输业务的快捷化，最大限度地减少浪费。

2.2.2 欧盟道路货物运输发展演进

欧盟成员国道路货物运输同样是中小运输企业占多数，如法国20世纪70年代初道路货物运输中只有1~4辆车的企业占企业总数的76%，德国短途道路货物运输企业在1984~1992年有所下降，车辆数从41743户降为41535户，平均每家企业拥有车辆从2.9辆上升到3.5辆，虽然拥有车辆增长了20%，但市场依然是以小型分散运输为主。瑞典全国有2万多家运输企业，其中只有一部汽车的企业占70%以上，有5部以下汽车的占94%以上。

欧盟各个国家道路货物运输市场结构以分散的运力为主，但分散货运企业并不是各自独立分散经营，而是参加不同的联运集团，参与统一经营管理。如德国道路货物运输为了和铁路运输竞争，长途汽车运输企业自行组织了"公路运输合作社"，进行汽车运输企业联合经营，20 多个州的运输合作社又联合起来组织了全国的"公路运输联邦中心合作社"（以下简称中心合作社），吸收了全国近 95% 的长途汽车运输企业加盟。中心合作社对加入合作社的各运输企业负责统一对外联系、协调运输业务、培训专业人员和驾驶人员、并且参与制定运输价格、研究新技术的应用。另外，还成立了"汽车供应贸易公司"，负责对加入合作社的运输企业供应车辆、轮胎、油料等，并设有维修车间、加油站等服务设施，供合作社系统企业使用。成立了"运输银行"、"运输企业保险公司"对合作社的成员企业进行贷款和保险。近年又成立了"中心会计室"，统一核算运输业务。

2.3　中国道路货物运输组织发展演进

我国工业化从 20 世纪 50 年代起步，传统计划经济体制下优先发展重工业，20 世纪 80 年代计划经济向市场经济过渡时期进入轻工业优先增长阶段，进入 90 年代以后，经济进入快速工业化发展时期，农业比重持续下降，第二产业规模迅速扩大，第二产业制成品比重稳步提高，第三产业迅速发展，所占比重大幅度上升。在大宗货物运输总量继续增长的同时，一般消费品、工业制成品和高附加值货物的运量在货物运输中所占的比重持续提高。这些货物重量轻、体积小，对运输的要求是运量少、批次多，对运输质量要求高，是零担运输的主要运输对象。产业结构的演进变化带来了运输组织方式的相应变化。

2.3.1　中国道路货物运输组织历史变迁

从计划经济时期国家垄断运输阶段到承包经营和运输市场全面开放后形成的单车分散经营，中国道路货物运输组织经历了从规模化到分散化演变。

2.3.1.1　交通运输部门独家垄断运输阶段

计划经济时期国家工业发展以重工业和农业为主。农业在国民经济中所占比例达到 25% 以上。在计划经济体制下，农业生产以手工劳动为主，农业生产的产品基本上是自给自足，产生的货运量很少。煤炭、矿石、钢铁、石油等能源物资是主要运输产品。这些运输产品路线较固定、运量大，更适合于运费较低的水运和铁路运输，所以此时运输以铁路和水运为主，公路干线运输发展落后。

计划经济时期由于物资紧缺，国家对物资进行统一调拨，对私营公路和私营运输企业进行社会主义改造，运输市场由国家统一组织，是交通部门对汽车运输企业垄断的市场阶段。国家用行政手段组织道路运输企业的一切经营活动，全国各省、地市和县级的交通部门汽车运输企业实行"统一计划、统一调度、统一运输组织"的经营管理体制，和统一分配货源、统一调度运力、统一运输价格"三统一"的管理模式，运什么货物、运输量多少、运输路线都是根据运输调度计划统一安排。全国道路货物运输企业形成一个纵向一体化的大企业，内部通过行政命令的方式调配资源，统一收入、统一支出。由于公用运输企业的规模和经营区域较大，加上企业为了维护垄断地位，网络性经营的零担运输得到发展，逐步形成了全国性的零担运输协作网络。这一时期的道路货物运输组织模式如图 2-2 所示。

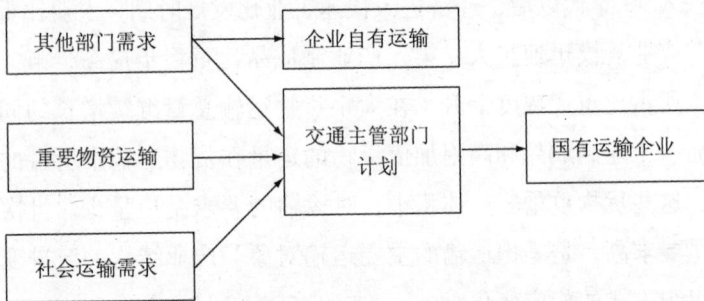

图 2-2 计划体制阶段道路货物运输组织模式

2.3.1.2 承包运输和个体经营运输阶段

改革开放以后，农村推行家庭联产承包责任制，促进了农业从自给、半自给经济向大规模的商品经济发展，农产品货运量迅猛增长。运输产品中传统大宗产品所占比重下降，加工工业产品和高附加值产品运输需求增长。这些产品对运输质量、速度、灵活性要求高，道路运输的技术特点更能符合这些要求，成为主要的运输方式。计划经济时期高度集中的道路运输供给越来越满足不了运输的需求，特别是农民对交通运输提出了越来越紧迫的要求，为解决"货畅其流，人便于行"的问题，1983 年 3 月交通部提出"有河大家行船、有路大家行车"的口号，鼓励个体运输发展新型运输联合体，[①] 支持"各部门、各行业、各地区一起干，国营、集体、个人以及各种运输工具一起上"。政策的松动导致个体运输户出现和迅速发展，各地迅速掀起了个人和联户购买拖拉机、汽车从事道路货物运输的热潮。国家又对国有企业进行了"承包经营责任制"的改革，实行政企分开、简政放权，使企业成为按经济规律运行的经济实体，[②] 以承包、租赁、挂靠等组织方式来进行运输生产。国有运输企业采取了一系列的调整措施：①在单车承包的基础上把营运车辆变相转让给职工，企业只保留形式上的产权。②向职工融资购买营运车辆并由出资职工承包经营。③允许自带营运车辆挂靠企业经营，吸引社会车辆进入企业经营。从以上可以看出，不论以什么名义出现，绝大部分普通货物运输实质是以单车为经营主体的。此时，虽然货运市场还未全面放开。[③] 但是个体私营运输发展起来。集体、个体和中外合资运输业户纷纷涌入交通行业，道路运输开始走进了欣欣向荣、蓬勃发展的新时期。计划商品经济阶段道路货物运输组织模式如图 2－3 所示。

---

① 政府为促进道路货运业发展，十一届三中全会后，中央连续三年发出第 1 号文件，允许农民个人从事运输业。1983 年，中共中央在《关于当前农村经济政策的若干问题》（1983 年 1 号文件）这一纲领性文件中指出，为了搞活流通，农民个人和联户可以购买拖拉机和汽车，从事生产和运输。1983 年 3 月在全国交通工作会议上，交通部结合交通运输行业的实际情况，进一步解放思想，调整政策，积极探索发展交通运输的新办法，明确提出"有路大家行车"，开放运输市场，提倡多家经营，鼓励市场竞争，以尽快把交通运输搞活、搞通、搞上去。

② 1984 年，交通部提出以"转、分、放"和"实现两个转变"为主要内容的改革思路，促进交通部门从生产业务型向行政管理型转变，1985 年交通部《关于贯彻中央和国务院指示精神搞好交通运输改革的通知》中指出，要实行多家经营，鼓励各部门、各行业、各地区一起干，国营、集体、个人……从事运输业，在十二届三中全会制定的《中共中央关于经济体制改革的决定》指导下，大多数道路货运企业逐步实行承包经营责任制，道路货运市场开放。

③ 1981 年国家经济委员会和交通部颁发了《关于改善和加强公路运输管理的暂行规定》，指出营业运输车辆，按照省、直辖市、自治区划定的区域范围或线路承担运输服务，凡从事营业运输必须执行统一计费标准。1986 年的《公路运输管理暂行条例》和《公路货物运输合同实施细则》正式将公路运输分成营业性和非营业性运输，规范物流交易行为的法律体系开始建立；1987 年的《中华人民共和国交通部零担货物运输管理办法》和 1991 的《汽车运价规则》对站点设置、营运线路经营权、不同货物运价进行了规定。

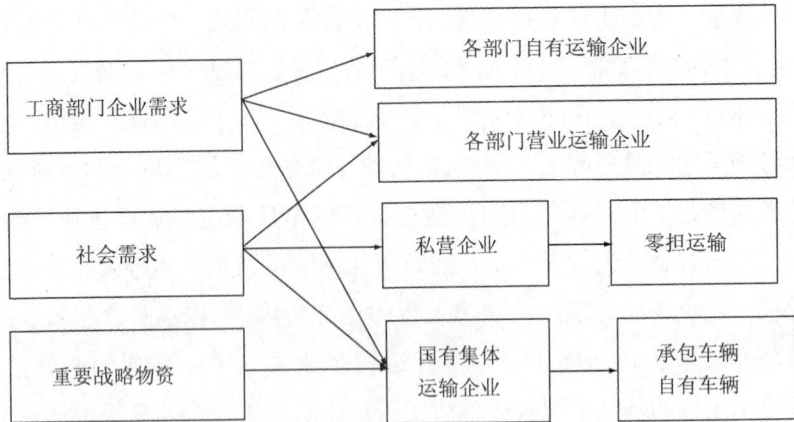

图 2-3 计划商品经济阶段道路货物运输组织模式

此时，分散的、小规模的个体运输易于生存并且大大提高了生产效率和资源利用效率，是因为分散运输具有以下特征：

（1）进入门槛低。拥有一辆车就可以进入道路运输市场从事生产经营。

（2）沉淀成本少。不需要更多的装备，生产设备简单，初始成本低，而且如果运输市场行情不好，退出成本低，几乎没有沉淀成本，客观上是对道路货物运输企业一种"打了就跑"（Hit and Run）的激励。

（3）运输产品同质。在道路货物运输市场发展的初级阶段，运输的货物种类有限，不同运输经营者提供的运输服务和产品没有太多质量上的差别，只是基本货物运输，竞争的焦点主要在于价格。

（4）完全信息。早期的个体运输户都是在本地狭小的范围内开展运输生产活动，运输的供给和需求都发生在当地，搜寻信息的成本很低。而且在运输产品、运输价格、成本费用等方面具有完全信息，运输供给和需求在价格上基本是约定俗成的，不需讨价还价，而且在结算上也不一定当场兑现，可以事后结清，因此这种运输服务交易费用低廉。不存在信息不对称，不可能存在欺诈行为。

（5）组织成本和监督成本低。以家庭或亲属关系为基本单位的运输经营者分工协作，组织成本和监督成本低，能够有效的组织运输生产，约束机制和激励机制相容。因此个体运输一出现，就对国营的运输企业构成了威胁。

2.3.1.3 单车分散经营运输阶段

1992 年以来道路货物运输市场进入全面开放阶段。[①] 随着国有大型汽车货运企业解体，货运市场结构发生了重大变化，从计划经济下的国有专业运输企业"垄断市场"到市场经济下的完全竞争市场结构。道路货物运输生产组织方式从企业组织生产，演变为个人承包经营的单车生产，再到"一车一户"独立经营的模式。截至 2002 年初，我国从事道路货物运输的业户共有 302 万家，其中公司制企业仅 81 万家，其余 221 万家均为个体经营户，道路货物运输户平均每户 3.99 人，2.26 辆车。道路货物运输市场表现出"散、零、小、弱"为主要特征的分散经营态势，原来具有规模经济的国有零担运输网络不复存在，普通整车货物运输发展迅速，成为道路货物运输的主要运输方式。

个体运输的发展在一定程度上解决了运输企业资金短缺问题，分散了企业经营风险，实现了低成本扩张，但其弊端也随之显现出来：①运输规模经济被限制在最小的范围，过度竞争使得道路货物运输市场成为恶性竞争的微利市场，经营者之间的恶性竞争，破坏了原有的经营网络体系，车辆总体效率发挥不理想，在运输市场中整体实力的发挥被严重削弱。②运输经营者水平参差不齐、素质不一，个体经营者只注重个人利益，分散的运力使得运输主管部门监管困难，运输市场混乱。③运输信用难以保证，运输市场信用机制缺失，运输过程中货差、货损、运输时间难以保证。④在分散的运输供给和需求结构下运输市场信息沟通不畅。

用单车年产量作为反映全社会载货汽车运输生产效率的指标，计划经济国有运输企业垄断市场时期（1952～1978 年）为 3.69 万吨公里；货运市场逐步放开个体、国有企业承包经营的过渡时期（1978～1985 年）为 5.72 万吨公里；完全竞争性市场结构时期（1985～1999 年）为 8.78 万吨

---

① 1992 年，交通部发布《关于深化改革、扩大开放、加快交通发展的若干意见》，进一步加大交通运输改革开放力度。1995 年，交通部制定实施了《关于加快培育和发展道路运输市场的若干意见》，通过健全运输法规，鼓励经营者自主经营、平等竞争，加快建立全国统一、开放、竞争、有序的道路运输市场体系。

公里。可以看出，竞争性市场条件下我国全社会货车生产率大幅提高，但是道路货物运输生产效率总体还是处于低水平。

2.3.1.4 组建挂靠公司运输阶段

分散的道路货物运输经营存在着很多弊端，并且随着运输服务的地理范围扩大，由原来的服务本村扩大到服务一个区域，服务的对象也由原来熟悉的村民扩大到一些陌生人，运输的货种货类也由简单的农产品运输到生产资料、建材、工业品等，运输的复杂程度和组织程度加深。个体运输已经不能满足运输需求，个体经营者组建个体联户，还有一些个体运输户挂靠到运输公司。

随着企业组织规模扩大，管理成本相应的增加，而运输组织者缺乏必要的企业管理知识，传统的小作坊式的管理办法不能适应企业化运作的需求，管理上的真空和由此导致的混乱在运输需求旺盛、运输收入和利润高、市场竞争不激烈的情况下还不是很明显，但当运输市场竞争激烈、利润逐步降低之后这种矛盾就会显露出来。而且企业集团规模越大，就有越多的成员存在"搭便车"的心理，从而使集体的行动变得困难。因此分散的道路货物运输企业在组成运输公司后出现了各种各样的问题，并且许多运输公司对挂靠企业事实上已经不再控制具体的运输过程，名义上分散的道路货物运输车辆通过运输公司组织起来，实际上运营过程还是单车分散经营。

2.3.2 中国道路货物运输组织方式演进

随着国民经济的发展，我国产业结构进一步变化，加工工业产品、高附加值产品、一般消费品的运输需求进一步上升，道路运输在各种运输方式中所占比重逐步提高，道路运输不再只是承担中、短途运输，随着高等级公路网络的完善，道路货物运输显示其在中长途运输中的优势，运输产品的空间范围扩大，货物运输组织结构要进行相应的调整。

2.3.2.1 车代、货代组织货源、运力阶段

由于道路货物运输市场进入门槛低，只要拥有一辆车就可以从事运输服务，运力组织化程度低，分散的车主直接寻找货源存在信息障碍，出现了"车找不到货、货找不到车"的现象。因此，专门为运输需求和运输供

给进行信息沟通、提供交易服务的运输服务企业应运而生。有些运输服务企业将一部分车辆集中起来进行车辆代理，还有一些将分散的货源集中起来形成了货代，车代和货代统称为货运代理，专门从事车辆和货源之间的信息沟通，通过撮合交易从中赚取差价。如中国最早出现的"吴敏现象"，它是一个人代表一种行业现象。由于通过运输公司进行货物运输的运输费用高导致货物运输成本高，而利用返程车辆可以以极低的运价完成同样的货物运输。同时，由于空驶返程已经占据了将近一半的运输流量，迫使货运司机利用各种渠道联络配货业务，因而自然形成了一个为"空车配货"服务的中介地带，随之而来的是一批又一批中介公司的出现。这也是我国道路货物运输代理的初级模式，无数个"吴敏"聚集起来形成了最初的有形道路货物运输市场。有形货运市场实现了最初的货物运输的生产和交易分工合作，市场经营者主要是从事货运专线的代理业务，将运往某一方向的货源组织起来，寻找车辆进行运输，赚取差价。

专门从事为车找货、为货找车的货运代理业等中介组织发展迅速，经商务部批准的货代企业已超过 5000 多家（含分公司），如果考虑到挂靠在这些正规货代企业的二代、三代，保守估计实际数量应该有 3 万家，直接或间接从事这一行业的至少有 30 万人。货代中介公司普遍规模较小，信用较差，多数公司的业务来源主要依靠老客户和关系介绍。同时，由于货代中介公司之间信息分散、路线单一、价格混乱，彼此之间相互竞争、信息堵塞和孤立使用，许多货主出于对货物安全等方面的考虑，对本属正常物流范畴的"空车配货"心存疑惑，形成了"中介公司不少，空车返程照跑"的奇怪现象。

2.3.2.2　运输企业转型物流公司组织运输阶段

2001 年，根据道路运输产业内部出现向专业物流服务的转型，交通部发布《关于促进运输企业发展综合物流服务的若干意见》，提出到 21 世纪末初步建立统一、开放、有序的道路运输市场体系的总体目标，各地区交通部门开始加强道路运输市场准入、经营行为规范和车辆结构监管等工作。① 物流成了众多企业追捧的热点，各类运输企业、仓储企业纷纷转型为物流公司。据统计，全国有70多万家中小物流企业，仅浙江就有26万多家。据交通部门统计，平均一个物流企业仅有2~3辆车。北京有50多个货运市场，每个市场有数百个小型物流企业。近年来的研究数据显示：欧美国家物流业占国民生产总值的8%~10%；而国内，则占到了20%~30%。这些占物流业主体的小型物流公司仍然采用传统的运输方式，在运输组织上基本是一种自揽自运的粗放状况，车辆拥有率低、车辆空驶率高、技术装备比较落后，缺乏统一、规范的管理模式。小型物流公司与分散的运输专线代理进行着激烈的市场竞争。

2.3.2.3 第三方物流公司整合运输资源阶段

现代经济发展要求将供给、生产、销售更好地结合起来，即要求原材料、产成品的运输方便、及时、快速，甚至是"零库存"、"无缝运输"，并且充分利用各种运输方式进行合理运输，一批与此相适应具有资源整合能力的第三方物流公司出现。第三方物流公司拥有部分运力，或者是没有运输车队的物流，以其品牌优势获得稳定的货源，通过内部管理优势，为生产企业进行供应链管理，通过自身组织货源的能力，将组织的货源有效地调配给各个有运输能力的合作伙伴，并且对整个运输过程进行管理。这种模式下，第三方物流公司与各类小型货代或车主由竞争关系变为合作关系；货源、第三方物流公司、运力之间由简单的合同关系变为稳定的契约关系。第三方物流公司实施统一的、标准的、优质的服务管理理念，在管理方法和信息技术等方面对传统运输企业进行帮助，共同整合资源，充分

---

① 2005年《关于降低车辆通行费标准的意见》降低了多种大型货运车辆的道路通行费。2005年颁布实施《道路货物运输及场站管理规定》对道路货运企业开业技术条件，经营范围重新规定。同时废止了《道路货物运输业户开业技术经济条件（试行）》、《零担货物运输管理办法》、《道路货物运输企业经营资质管理规定（试行）》。政府对道路货运业准入限制越来越少。加入世界贸易组织后，我国对开放道路运输市场做出的承诺是：2002年11月，允许外商控股；2004年11月，允许外商独资。随着我国道路运输市场的进一步开放，外商将纷纷涌入我国运输市场，国际跨国公司的介入，必然造成运输市场的激烈竞争，特别是在多式联运、货代、快运、物流等领域，外国公司将凭借其雄厚的资金、科学的管理、全方位的运输手段和先进的信息系统，与我国的道路运输业展开了激烈的竞争。

利用社会过剩和闲置的运力。

2.3.2.4　信息平台企业提供信息服务阶段

在目前的道路货物运输市场中，由于运力大于运量，运输市场分散程度高，产品质量和价格分散性大，货运信息不畅，尤其在地域范围较大的空间内如跨省、跨区域，运力信息和货源信息严重分离，中介无序运作造成了道路货物运输市场的揽货和信息成本偏高。降低揽货的信息成本、对运输生产过程进行监督和控制、解决信息不对称等问题成为制约运输发展的"瓶颈"障碍。信息技术的发展及其在运输领域的应用逐渐改变着道路货物运输市场的交易组织方式，一些物流企业、IT 产业和政府开始了物流运输信息平台的建设。据不完全统计，我国中等以上城市提供货运信息服务的企业已逾千家，运输信息服务平台以提供货运信息配载为主要内容，道路货物配载中心提供单一的车源、货源信息，而一些规模较大的物流公司、货运代理能提供多功能的复合服务。如亚之桥是国内最早探索物流信息平台盈利模式的企业，其目的是提高货物载运工具的有效利用率，信息网采用会员制，货物承运人只要持有 BP 机大小的货运信息专用接收机，便可在全国各地接收货运信息。中运网采用 B2B 模式，通过为货主找车，帮车主找货，在实现车货双方都降低成本的同时实现自身的盈利。河南八卦来网是信息撮合、线下交易的模式，如图 2 - 4 所示。京联物流信息网，应用网员制模式收取会员费和中介费，最初通过网络和短信方式促成车货交易，现在通过开发通用交易软件、网络电话的形式撮合交易。

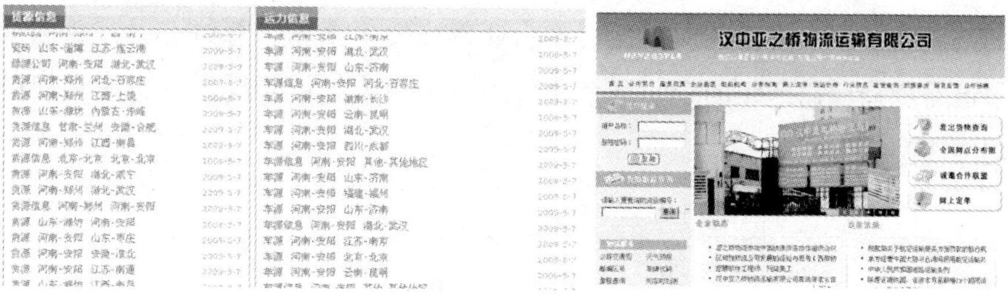

图 2 - 4　河南安阳的八卦来网和亚之桥全国货运信息服务网

这些企业建立的信息平台由于地域差别和经济水平不同，各企业的软硬件不同，行业内竞争比较激烈，各平台之间存在信息资源垄断、封锁的现象，难以保证信息的真实性和有效性问题，也导致盈利增长点不明确。这些信息平台以货运交易信息为主，主要服务对象是大量的中小货代企业。中型规模以上的具有先进模式的物流企业、运输企业、大型的生产企业无法使用该平台，使得第三方物流企业不能通过该平台为自己的客户提供服务，不能整合货代企业。由于缺乏真正的第三方物流外包业务在这些网站进行交易，不利于运输资源的整合，也难以推动第三方物流的发展。

交通运输主管部门也意识到互相封闭的网络无法解决交通运输中信息流对物流的巨大制约，要打通信息阻塞的"瓶颈"障碍，就需要建立一个全国性或区域性的信息发布中心。原交通部推出的道路货物运输交易信息服务系统"华夏在线"，试图整合全国的道路货物运输资源，但是没有建立起来，目前各地区运输主管部门也都积极建设区域信息平台。

经过近20年的发展，我国道路货物运输生产和交易出现了专业化分工的趋势，但是专门从事运输交易的运输服务企业发展缓慢，呈现不规则的金字塔形。处于金字塔底部的是大量的小规模零散经营的运输专线，由于其数量较多，掌控大部分的货源，是整个道路货物运输市场组织的主体；运输专线主要依托货运场站在线路两端设立经营网点，承揽从当地市场运往目的地的零担货源，通过集零为整，利用长途整车干线运输将货物运至专线另一端，并利用当地网络将货物进行分散配送。处于金字塔中部的是少量的具有一定规模、网络覆盖部分区域的中型企业，其货源掌控规模、网络覆盖范围高于专线企业，但从整个市场的角度来看，仍然较为有限，集约化、网络化还存在进一步扩展的空间。处于金字塔顶部的是为数不多的几家具有较大规模的网络化运输企业网络覆盖全国。总体上看，我国从事道路货物运输组织的中间层企业可以分为两大类：专线经营企业和规模化网络型企业。

2.4　本章小结

美国、日本、欧盟等国家和地区的道路货物运输市场都是以中小型运输企业为主，但是"多、小、散"的货运市场通过各种模式组织起来，形成了组织化、集约化的运输。美国道路货物运输组织主要是以大型运输企业、物流公司为核心将分散的运力整合起来，而日本、欧盟主要通过"合作社"的模式组织分散的运输市场。无论哪种模式均已形成少数大企业与大量分散的中小企业并存的寡占市场结构。不同规模的企业之间形成了合理的分工协作，少数大规模运输企业由于在广大地域内实现了规模化或专业化生产，在运输市场上有强大的竞争实力和生存发展能力，成为稳定和主导运输市场的重要因素，而广大的中小型运输企业则是依附于龙头运输组织或加入运输联盟，形成规模化发展。计算机信息技术在道路货物运输中的广泛应用改变着道路货运业的组织模式，提高运输效率，使得规模化经营的优势发挥得淋漓尽致。

我国道路货物运输市场结构也是以小型企业和个体经营户为主，但是分散的运输市场并没有组织起来，而是以单车分散经营为主。和发达国家相比，运输组织发展落后是制约我国道路货物运输集约化、网络化的主要障碍。发达国家的道路货物运输网络化组织模式为我国道路货物运输的发展提供了很好的参考价值，但是各个国家的道路货物运输发展历程和市场环境不同，我国道路货物运输还不能完全照搬国外的模式，必须研究适合我国国情的道路货物运输组织模式。

第3章 相关文献、理论综述及研究空间

本章对有关道路货物运输组织的国内外研究进行分类整理，在把握该领域学术研究进展的基础上，借鉴前人的研究成果，对经济组织相关理论进行回顾、梳理、评述，构造研究道路货物运输的理论基础。劳动分工理论从生产效率角度分析分工和合作，交易成本理论从分工增加交易成本来分析生产组织形式，分工经济与交易费用形成两难冲突。一般来说，分工水平的提升，要以生产费用和交易费用降低为前提，而降低生产费用与交易费用则主要依靠提高劳动生产率和降低生产组织费用来实现，最优化的组织形式能够兼顾分工效率和交易成本。在分析已有关于道路货物运输组织和经济组织相关理论的基础上，寻找本书的研究空间。

3.1 国内外道路货物运输组织研究

从国内外已有的研究成果看，作为国民经济的一个重要的产业部门，运输业组织问题一直受到关注，但已有的对运输业的研究更多地集中在铁路运输和航空运输上，关注的焦点主要集中在这两种运输方式特定技术条件下产业组织问题。与复杂的铁路和航空运输技术条件相比，道路运输技术相对简单，行业进入门槛低，政府对道路运输进行了长达半个多世纪的严格管制。由于道路运输业具有多产品和单车分散经营的特性导致统计难度大，统计数据严重不足，使得对这一行业进行计量造成困难，主流经济学很难深入这个行业。

3.1.1　国内外道路货物运输组织模式研究

国内对道路货物运输组织研究大多偏重对产业现状具体问题的描述性研究，从理论上进行研究的相对较少。从文献单位来看，对道路运输进行理论研究比较集中的是长安大学。而国外道路货物运输组织从分散到相对集中，道路货物运输市场发展比较完善，对道路运输的理论研究偏重于运输技术经济分析。

3.1.1.1　国外道路货物运输资源组织模式研究

国外发达国家道路货物运输市场已形成大、中、小企业并存的市场结构，道路货物运输发展的方向是大吨位车和小型车双向发展，大吨位车主要用于区际道路货物运输，而小吨位车则是在市区内集散运输。对道路货物运输资源组织的研究更关注于运输过程组织研究，实际操作研究偏重于数学模型的建立和运用，对货物运输计划设计、公路运输策略计划进行了各种算法研究，以节约运输成本，节约资源，降低对环境的破坏。Teodor Gabriel Crainic 和 Jean – Marc Rousseau（1986）认为，关于铁路、公路的货物运输计划最重要的是模型选择，它能影响运输的效率和资源配置，并且设计了目的地和托运人选择模型、装货尺寸和供应市场。这些模型充分利用了数学的复杂性和精确性。Teodor Gabriel Crainic 和 Jacques Roy（1985）用数学程序设计方法建立了货物运输战术计划的一般模型和算法框架，并根据公司的全球网络和网络上公路运输线路来制订、评价、选择运营计划。Teodor Gabriel Crainic 和 Gilbert Laporte（1997）运用运筹学模型和方法以及以计算机为基础的计划工具，对运输计划的战略、策略、操作三个阶段的主要问题进行了分析。Ahmet Tortum、Nadir Yayla 和 Mahir（2009）运用人工神经网络和神经模糊推断模型建立城市间货运的非线性行为模型。

3.1.1.2　国内道路货物运输资源组织模式研究

（1）道路货物运输市场组织结构研究。我国道路货物运输市场长期处于低效率的状态，引起学者、业界人士的广泛关注，在对我国道路货物运输市场现状及其成因的不断分析和总结后，普遍认为我国道路货物运输体系中最突出的问题是道路货物运输企业普遍规模偏小，经营业务单一，抗风险能力不足，运输装备水平落后、安全性差，营运成本过高。而正是这些小规模的运输企业成为市场主体，形成完全竞争甚至是过度竞争的市场结构，整个市场表现为无序竞争状态。李剑锋（2003）认为，我国道路货物运输市场结构既受到国有企业改革和传统企业格局的影响，又处于市场体系和行业管理不完善的宏观背景下，进入壁垒低，退出壁垒高，市场集中度低，缺乏个性化服务。戴定一（2005）认为，我国道路货运市场进入门槛低，企业目前的盈利能力与企业规模的关联并不密切，超载反而成为最好的盈利模式。王玉辉（2007）认为，在完全竞争的市场结构下，我国道路货物运输市场的组织方式主要是以单车分散经营和众多的为车揽货、为货找车的小型货代组货经营为主。马银波（2006）指出，道路货物运输的发展和市场结构演变根本上取决于货物运输类型内在的技术经济特性。翟学魂（2007）通过对所掌握的大量数据的分析，找出我国现阶段道路货物运输发展环境的缺陷，在对道路货物运输市场结构和企业行为的分析基础上，得出我国在未来3~5年间不可能培育出具有规模化经营实力的大型道路货物运输企业，在未来较长时间内道路货运的分散状态难以改变。他认为，未来道路货物运输主导市场组织模式是区域公共货运信息平台与小型专业的零担货物运输企业的合作。

道路货物运输分散的市场结构突出的问题是供需分散、信息沟通不畅、市场信息不对称。李文娟和王强（2006）认为，信息不对称主要表现为服务质量信息不对称、从业条件信息不对称、道德风险、价格信息不对称等，信息监督主体的缺失是货运市场信息失灵的主要原因。郭林（2009）分析了我国货运信息不对称形成的历史原因，信息不对称主要表现为车主和货主，车主、货主和运输信息服务部门信息不对称，政府与车主、货主、信息服务部门之间信息不对称，信息不对称的结果导致了车找不到货、货找不到车，车辆返程空载，货运资源严重浪费。王玉辉（2007）认为，信息不对称下低价格逐渐把高层次承运人逐出市场，形成分散的低层次承运人占供给主导的"次品"市场。

（2）道路货物运输组织模式研究。道路货物运输市场暴露出的风险转移、利益挤占及信任危机等一系列问题，关于道路货物运输市场的发展途径，大部分学者认为，应该提高市场集中度，通过道路货物运输组织来改变道路货物运输无效率的问题。韩亮和张江英（2009）提出，通过对车辆进行身份登记，将同一地区的所有车辆登记在货运公司名下，通过信息系统交换车、货和零担公司之间的信息，建立车辆信誉档案等方式使分散的货运经营者"散而有序"。严季（2006）认为，通过货运服务业的集中化，可以促进货运信息的集中化，从而使市场趋于完全竞争市场，政府能通过货运站或货运交易市场向道路货物运输经营者（承运人）提供服务，政府可以借助货运站或货运交易市场的规模经济性来规范承运人行为，引导经营主体从松散联合向虚拟企业（统一标识、统一服务规范和质量标准等）过渡，从而达到货运业适度集中的目的。王建伟（2007）指出，大部分问题源于组织层而非运输企业本身。叶建群（2000）指出，道路货物运输市场主要问题是普通货物运输车辆过多，专业货物运输及特种运输车辆过少，所以要严格控制普通车辆的发展，鼓励特种车辆发展。叶忠惠（2009）认为，解决我国货运市场问题的主要途径是发展大型化运输，降低运输成本。张圣忠等（2005）认为，解决中国道路运输结构性失衡的出路，不是通过兼并、重组等方式扩大企业规模，这样依然解决不了各种规模企业之间的恶性价格竞争，而是培养大型企业的组织能力，通过有组织的龙头企业来整合运输资源。张月鹏（2006）引用豪泰林模型提出道路货物运输市场走出伯川德悖论的途径是提供特色运输服务。

（3）道路货物运输发展途径。无锡市交通运输协会，宜兴市交通运输协会联合撰文指出，运输市场最大的难题是货源，因此要全社会普查货源，摸清区域内物流的流向、流量、流时。戴定一（2007）提出，道路货物运输发展要走依靠科学管理和科学技术的道路，但是我国目前道路货物运输市场主要依靠价格竞争，这种情况下运输市场很难改进先进的运输装备，所以需要政府调整成本结构，降低政策性收费、过路过桥费等运输成本，提高运输利润，改变不规范、不透明的监管系统。马银波（2004）实证分析了我国道路货物运输竞争性市场和垄断性市场环境下，运输生产效率、资源配置效率、技术进步等变化，提出通过运输组织技术进步，调整经济管制政策，优化汽车货运市场结构。

3.1.2　国内外道路货物运输网络化研究

国内外对道路货物运输网络化组织研究更多的是从行业自身技术经济

分析，如运力配置、车型选择、载重率等经济效益分析以及网络化对提高资源利用率和行业发展的影响的经济分析。

3.1.2.1　道路货物运输网络经济研究

荣朝和（2002）认为，运输业规模经济和范围经济以交叉方式构成网络经济，将它应用到铁路运输业，对铁路运输业的规模经济和范围经济及通过它们转型的运输密度经济和幅员经济进行了分析。

Beuthe Michel 和 Jourquin Bart（2001）主张，道路货物运输要建立在发达、健全的网络之上，运输路线、运输方式、运输活动所处的位置都包括在网络之中。崔红建和马天山（2010）将运输业的规模经济分为运输企业的规模经济和运输市场的规模经济，而前者的规模经济不明显，道路运输业市场规模经济通过道路货物运输企业之间横向协作实现运力和货源的共享。

吴光举（2004）认为，道路运输活动存在车辆结构经济和网络结构经济，运输生产过程和道路运输企业的运输网络都存在着网络经济，只有通过经营网络化才能充分利用道路运输企业的技术经济特性提高企业的效益，实现规模经济。

颜飞和王建伟（2008）依据一体化将道路运输业的网络经济分为基础设施层、基本业务层和复合业务层。每一层有不同的网络经济特点，复合业务又依据运输业务集成程度的高低分为初级复合业务和高级复合业务，并指出运输网是供给完整运输产品的运输业务体系，是由运输资源层、协议层及运输行为层构成。运输网络效益由以下四个指标构成：①网络幅度，指网络中非孤立结点的数量。②网络连通性，指网络上任意两点之间可以建立有效的运输连接，则称为可连通的。③网络强度，指网络能够承担的运输总量。网络强度与边强度、路径强度和路径交叉强度相关，也与路径覆盖率相关。④路径覆盖，实际产生运输行为的路径称为运输连接，所有运输连接覆盖情况用路径覆盖率表示。

朱文英和马天山（2010）认为，道路货物运输的全过程是多个作业的集合。随着货物在道路运输载体上从货物出发点到终极客户间的流动，产生一系列的道路货物运输作业，也产生了货物价值的增值，由此而形成的链条就是货物运输的价值链。将价值链上的生产活动分为基本增值活动和辅助性增值活动，基本增值活动也就是一般意义上的"生产经营环节"，如货源信息的收集、收货、配货组货、搬运装卸、货运跟踪等。这些活动都是货物流通过程中与货物本身直接联系的。道路货物运输企业的辅助性增值活动，包括人事管理、组织建设、采购管理等。

童燕（2009）运用产业组织理论对道路运输业进行了详细的分析，提出了由于道路货物运输特定的技术经济特征决定其生产环节具有高度分散的特征，在生产的分散性难以改变的前提下，往往通过改变交易环节，将交易趋向集中来提高交易效率，降低交易成本，实现规模经济。

夏明学（2004）通过市场结构、市场行为、市场绩效分析，提出运输组织结构合理化，保持竞争活力又要发挥规模经济效益的市场组织结构，是适度规模、大中小并存的道路运输企业共生的网络组织。

网络经济相比于传统经济具有新的特点，也叫网络经济效应。王丙毅（2005）认为，网络经济下规模经济发生变化，企业的规模扩张和收缩相互交织，大型与小型企业双向协同发展，显著的规模经济性与规模影响的弱化并存，生产的联结体经济和需求方规模经济日益凸显，范围经济与专业化经济并存。汪涛（2002）认为，网络经济外部性导致了以下规律：梅特卡夫定理，网络的价值与网络的节点平方数成正比；由于网络经济的正反馈是普遍存在的，从而强化了一种特殊的经济现象——"马太效应"，在极端的情况下甚至出现"赢家通吃，输家出局"的局面；边际收益递增规律取代传统经济边际收益递减规律，边际收益随需求量的增加而增加。武心莹（2001）认为，网络经济也具有独特的网络外部效应，网络经济的规模效益是消费规模经济效益，网络经济降低交易成本，大、中、小企业通过网络进行公平的竞争。企业为了分散风险往往加入不同的网络形式，由于每个网络的运行方式不同、业务标准不同、行为规则不同，企业的运行成本会较高。并且，在一般的分工与合作组织中，企业间是靠长期合作所形成的信用关系来简化交易程序。当新的成员加盟网络组织时，其初期的交易程序和成本仍是比较高的。

3.1.2.2　道路货物运输网络化组织研究

国外关于道路货物运输通过组织模式提高资源整合利用效率的研究，

更侧重从实证分析企业联合生产的效益。国内更侧重于道路货物运输企业网络化组织整合资源的具体方式研究。

（1）国外道路货物运输网络化组织研究。Field Mary（2005）认为，未来道路货物运输能力的增加不是盲目新建与扩建设施，而是依赖于能够提高现有设施利用率的技术和手段。Regan（2005）通过调查发现，企业间合作是企业自发的行为，少于 5 台货运车辆的小型运输企业最希望共享货运设施，从事州际长距离运输的公司也对共享设施很感兴趣，并且列举了这些企业共享货运设施的优点和障碍。Toshinori Nemoto（1997）用实际数据论证了运输企业之间的协作完成合并运送，能够减少交通拥堵和城市污染，进一步确定了联合系统的整体收益和费用。Frans Cruijssen、Wout Dullaert 和 Tarja Joro（2001）用数据包络模型分析了佛兰德道路运输效率，得出改变佛兰德道路运输效率低的方法是通过企业兼并提高市场集中度。Karen Renee Smilowitz（2001）通过联合包裹运输服务公司（UPS）的货运网络研究，论述了多式联运小件运输网络化生产组织过程的设计、运作与组织管理方法。Jonathan L. Gifford 和 Odd J. Stalebrink（2002）认为，相比于政府这样正式的组织管理运输，自愿合作组织更有效率，合作建立在高度信任的基础上。这种组织是学习型组织，企业合作、信息共享、生产新知识，提供了一种学习的原理，更能适应环境变化，改变了设备的操作和管理方式。Konstantinos G. Zografos 和 Ioanna M. Giannouli（2002）认为，道路货物运输需求是派生需求，受空间结构和供应链管理的影响，货物运输系统的理性计划和设计应考虑物流系统组织提出的要求，物流发展趋势影响道路货物运输系统的组织、实施和绩效。Amelia C. Regan 和 Thomas F. Golob（2005）说明利用信息和计算机技术及增设第三方物流服务是道路货物运输可持续发展的保障。

（2）国内道路货物运输网络化组织研究。周耀列和葛洪磊（2005）提出了整合零散运力的四种方式：收购、入股、分包和合作，将零散的运力整合到企业内运营，是一种低成本的扩张形式。翟学魂（2007）指出，分散的货物运输促成了运输枢纽、运输信息企业、提供系统化服务的挂靠企业的发展，小企业通过运输枢纽、共同配载平台及后勤服务等公共平台形成企业群落，取得像大企业一样的规模效益。王烁（2006）认为，道路运输信息服务部成为网络化运输的初步格局，个体运输业户都不同程度地参与到了"粗放型"、"松散型"网络化运输组织中。牛永亮（2006）提出道路货物运输市场的三阶段发展：交易空间载体的有形化，货运交易的层次化、网络化，货运交易服务模式物流化。

（3）道路货物运输虚拟网络组织模式研究。陈鹏等（2009）从供应链管理的角度，论述了道路货运组织合理化的途径，道路货运企业敏捷化运输、个性化运输、集成化运输，数据库和数字化技术为道路运输企业开展集成化运输提供了平台。但是他们没有提出具体的操作途径。李金辉等（2007）认为，道路货物运输信息服务业可通过向无车承运人、综合代理中心或虚拟货运市场发展，向第三方物流转变，纳入虚拟物流企业联盟等形式，实现战略转型。徐双应（2004）认为，道路货物运输交易会向第四方物流发展，是对实际运输过程的虚拟和组织，更好地实现车辆与货物的优化及辅助服务，实现道路货物运输交易的质量型增长。

3.2　经济组织相关理论综述

分工协调作为一种基本的经济制度安排，决定了经济组织形态与发展过程。也就是说，不管经济组织如何变迁，都离不开分工和协调这两个基本逻辑。古典经济学运用分工与专业化解释了企业组织的形成和分工能够提高生产效率。分工水平受市场范围限制，分工迂回生产使得企业内部的分工逐渐发展为企业之间的分工。但是古典经济学的分工理论是零摩擦力的世界，没有考虑分工形成的交易所带来的交易成本。交易成本理论认为，市场上发生的每一笔交易都存在着谈判和签约的费用，市场和企业两种可行的组织形式都是有缺陷的，通过比较制度分析考察可行的组织形式之间的相互替代，分工提高了生产效率但是增加了交易成本，分工经济与交易费用出现两难冲突。新兴古典经济学交易效率理论综合考虑了分工和交易成本，经济组织形式需要根据实际交易效率的高低情况进行选择，提出对分工演进的解释应考虑交易发展程度，即交易效率水平高低。从分工到交易成本到交易效率对经济现象的研究更完整，更具有可操作性，企业间组织是综合考虑交易效率基础上的网络组织形式。

3.2.1 古典经济学

古典经济学中价格是资源配置的手段，而分工和专业化则是一个经济组织问题。因此，古典经济学主要研究的问题就是改变经济组织，使分工得以扩大，专业化得以加深，从而可以生产更多的产品，或以更低的成本生产产品。

亚当·斯密在其《国富论》中的劳动分工理论从企业生产的角度分析了分工所产生的专业化能够提高生产效率，进而增加社会效益。斯密对手工工场内的分工做了研究，劳动分工使得手工工场比单个的手工业者或者家庭式作坊具有更高的劳动生产率。在手工工场和家庭式作坊这两种组织形式中，前者更接近于企业组织，后者更接近于市场组织，手工工场中分工提高效率揭示了企业产生的原因，企业存在的优势是利用分工和专业化生产提高了生产效率。斯密还认为，分工起因于交换的需要，交换的发展状况决定着分工的发展状况，而交换的发展又是由市场范围的广狭所决定的。据此，他提出了分工受到市场范围和市场稳定性的限制。分工使产量增大，从而使每一个劳动者都有大量的产品可以充分地出售，而自己所需要的产品其他人也可以充分地供给。这种由分工导致产品逐渐充裕的过程，也就是整个社会逐步富裕的过程。但是分工的累积以及以知识积累体现的技术变迁都属于动态范畴，这些积累使得企业规模扩大导致垄断的市场结构，必然导致垄断的出现，其与静态的竞争均衡是不相容的，也就是斯密定理的两难困境。

马克思在细致地分析了资本主义制度中手工制造业的分工协作关系后，对专业化分工与协作进行了深入的研究。分工使劳动过程相互独立而协作使劳动过程相互结合，以分工为基础的协作成为工厂手工业的典型形态，马克思的分工更接近企业组织形态，认为分工与协作能够产生一种集体力形式的生产力，把分工提高劳动生产力的原因归结为分工组织所产生的协作力。马克思区分了社会内部的分工和企业内部分工，社会内部的分工，是以不同劳动部门的产品买卖为媒介；企业内部分工是手工制造业内部各部门劳动的联系，是以不同的劳动力出卖给同一个资本家，这个资本家把他们当做结合的劳动力来使用作为媒介。社会分工反映的是社会生产各部类之间的关系，企业内部分工反映了在一定技术条件下的生产要素的组合关系。从分工的角度来看，企业是社会内部分工基础上各特定行业内，在一定技术条件下的生产要素组合的最小单元，是内部技术性的有机组合。社会的分工和企业内部的分工是相似的，又是不同的，一定的生产力水平决定了一定的企业形式和规模，一定的企业形式联系着相一致的社会分工形式，马克思的分工理论接近于现代的企业理论。

古典经济学中企业与市场简单的二分法缺乏分析的普遍性，并且把价格作为配置资源最好的手段，只适用于完全竞争的市场。由于在完全竞争市场条件下，生产要素、产品的价格是既定的，那么，在给定的技术条件下，企业只有一个最优生产组合，在此生产组合下，其产量是最优的，生产成本是最低的。古典经济学假定企业存在的前提下研究分工和专业化生产，企业被简单地看做一个内部统一的整体，或者说是一个生产函数，没有考虑外在的制度对企业的影响，假设企业内部不存在运行成本，并隐含着企业独立于市场的结论，只能说是一种生产理论。在古典经济学范式下，通过市场进行企业之间的分工合作会导致串谋、市场垄断等破坏市场竞争环境的行为，会导致垄断的市场结构。这实际上要求企业之间不能存在任何股权与非股权的合作关系，企业之间仅仅是通过市场的价格因素而联系起来。虽然在古典经济学的分工理论中没有对经济组织的出现进行解释，但是分工是组织产生的前提条件。

3.2.2　新制度经济学

传统产业组织体系中企业之间的相互作用与相互关系日益引起了人们的广泛关注。科斯（Coase）、威廉姆森（Williamson）、阿尔钦（Alchian）、张五常等人通过"交易费用"概念，对企业的存在及其规模做了令人信服的解释，论证了分工是否发生，不仅取决于分工后提高的生产效率，还取决于分工后增加的交易成本。分工必然产生交易，进行市场交易并不是如正统的完全竞争理论所假设的那样，价格信息是既定的并为所有当事人所掌握。相反，价格信息是未知的、不确定的，要将其转化为已知、确定的，是要付出代价的。并且，市场交易过程中交易人之间常常会发生各种纠纷或冲突，就产生了谈判履约监督，甚至诉诸法律的成本，所有这些都是交易成本。企业的出现是为了降低交易成本，"通过形成一个组织，并允许某个权威（一个企业家）来支配资源，就能节约某些市场运行成本"，① 所以"企业的显著标志是对价格机制的替代，企业的出现一定是企业的交易费用低于市场的交易费用"。② 当组织能够以比市场外购更低的成本来实现同样的交易时，企业就产生了。同时，企业也不可能为了减少交易费用，而把规模无限地扩大，企业作为一种制度安排，内部同样存在着技术上以及内部协调管理的成本，随着企业规模的扩大，企业内部层级增加，管理复杂程度提高，管理协调成本也会逐步增加，就会产生许多效率损失。所以，科斯认为企业与市场是一种对等的、可相互替代的资源配置方式，市场的扩大将受到交易费用增加的限制，而企业的扩张同样也受组织管理成本增加的限制。因此，企业与市场的边界是由企业内部组织成本和外部市场交易成本的比较决定的，企业的最优边界是在边际组织成本等于边际交易成本的均衡点上。根据科斯的理论，我们可以得出如下两个公式：

假定企业的组织成本为 MC，市场交易成本为 TC，那么，

企业存在的基本条件为：$MC < TC$ (3—1)

企业规模的极限条件为：$MC \leqslant TC$ (3—2)

交易成本包括哪些成本，科斯并没有对此深入研究下去。张五常把鲁滨逊经济中不可想象的一切费用都划入交易成本，"交易成本包括所有那些不可能存在于没有产权、没有交易、没有任何一种经济组织的成本"，③ 从而在最广泛的意义上定义了交易成本。在张五常的交易成本理论里，所有的组织成本都是交易成本，反之亦然。这样交易成本的概念过于宽泛，一切经济活动都可以用交易成本来解释，在实践中没有了可操作性。

科斯在其交易成本理论中阐明了分工会带来交易费用，他虽然看到了市场和企业之间的组织关系，但是没有对此论述。威廉姆森是最早对中间性组织进行分析的人，威廉姆森用有限理性、机会主义以及资产专用性来

---

① 科斯：《企业、市场与法律》，盛洪等译校，上海：上海三联书店，1990 年版，第 4 页。
② 桃一陶：《科斯与交易费用理论》，《特区经济》2000 年第 9 期，第 38～43 页。
③ 张五常：《交易费用的范式》，《社会科学战线》1999 年第 1 期，第 1～9 页。

定义交易成本，他特别强调资产专用性对组织形式的影响。当经济主体投资于一项资产，而这项资产在初始投资以外的回报很低时，互补性投资的所有者就会机会主义地威胁收回他们自己的投入来榨取准租金，为规避这种套牢的风险，作为防范机制的纵向一体化等"内部化"机制就会产生，组织存在是必要的。威廉姆森把企业看成是节约交易成本的治理机制，而不是生产函数，企业、市场，或是介于两者之间的其他形式，都是一种治理机制。节约交易成本是不同形式的治理结构的共同功能，交易成本的节约就是通过把性质不同的各种交易以一种有区别的方式分配于不同的治理结构而实现的，"交易的属性不同，相应的治理结构即组织成本和权能也就不同，因此，形成了交易与治理结构的不同匹配"。[①]

表3－1 市场制、混合制、等级制治理结构的区别

特征	治理机制		
	市场制	混合制	等级制
激励强度	＋＋	＋	0
行政控制	0	＋	＋＋
绩效特征	－	－	－
调适（A）	＋＋	＋	0
调适（C）	0	＋	＋＋
契约法	＋＋	＋	0

注：＋＋＝强； ＋＝半强； 0＝弱。

资料来源：奥利弗·E. 威廉姆森：《治理机制》，上海：商务印书馆，2001年版，第110页。

威廉姆森对科斯的"市场与企业是完全充分替代"观点做出了修正，认识到还存在着企业和市场相混合的中间组织形式，[②] 需要根据专用型程度和交易的频率来选择组织形式，如表3－2所示。

---

① Williamson O E. The Vertical Integration of Production：Marker Failure C Onsideration. American Economic Review. 1991（5）：112－123.

② 最早认识在企业与市场之间存在第三种组织形式的是奥利弗·E. 威廉姆森（Oliver Williamson），他在1979年发表于《法律经济学杂志》的论文《交易费用经济学：契约关系的规则》一文中指出，不确定性、交易重复的频率和耐用交易专用性投资发生的程度——资产专用性这三个交易特性高低程度不同，与其匹配的规制结构也不同。当这三个决定因素程度较低时，与之匹配的是体现古典契约关系的市场规制结构；当三个变量较高时，与之匹配的是统一规制结构（企业）；而介于这两者之间的是被其称为"三方规制"和"双边规制"的中间经济组织形态。

表 3 - 2　交易维度与治理结构的关系

交易频率 投资特点	非专用型资产	混合资产	专用型资产
偶然	市场	企业间组织	企业间组织
经常	市场	企业	企业

资料来源：奥利弗·E. 威廉姆森：《治理机制》，上海：商务印书馆，2001 年版，第 113 页。

交易成本理论认为，利用价格机制协调经济活动并不是没有成本的，企业是在存在交易成本下对市场的替代，企业是资源配置的手段。在信息不完备、有限理性和存在着较为普遍的机会主义现实的市场上，发现价格或运用价格机制经常是非常昂贵的活动。不确定性是普遍存在的，如果市场上有为数不多的进行交易的主体，交易主体之间彼此相遇并不困难，如果存在大量的交易主体，交易双方都存在大量的搜寻成本，因为市场是由许多个生产者、消费者、商品组成的，对市场要做到确定性的了解，那是一件无法实现的难题。在治理信息不对称、逆选择、道德风险等问题存在的情况下，企业间专业化分工受到限制，如何降低交易成本提高交易效率成为必须要回答的问题。

3.2.3　新兴古典经济学

新兴古典经济学从生产者和消费者完全统一、生产中存在专业化经济、消费者偏好多样化和存在交易费用四个基本假设出发，用超边际分析的方法，全面复兴古典经济学的分工思想，将古典经济学中关于分工和专业化的思想用现代数学工具加以模型化，变成决策和均衡模型，将整个人类社会所拥有的知识的增加、企业的出现和发展、市场一体化程度和市场容量的增加、全社会职业多样化程度和个人专业化程度的提高等都与分工演进联系起来，提出一个区别于新古典经济学的分析框架：（内生、外生）交易费用、产权界定、合约执行——专业化和分工——市场化、竞争程度与协调失灵的风险。

3.2.3.1　分工与交易效率研究

生产和交易这两者都是经济组织中不可或缺的过程，生产成本和交易成本相互影响，无法被截然分开。原来由一个企业完成的工作，由于劳动分工程度的加深，现在由多个企业完成；原来企业间的交易费用是零，而现在的交易费用是多个企业间的交易费用的总和。杨小凯认为，令总交易费用 $T_C = T_{C1} + T_{C2}$，其中 T_{C1} 表示外生交易费用，T_{C2} 表示内生交易费用，总交易费用 T_C 是专业化水平 L_X 的正向关系函数，即 $T_C = T_C (L_X)$，边际交易费用 $MT_C = dT_C (K_C) /dK_C > 0$；而生产成本函数 $C_X = C_X (L_X)$，$MC_X = dC_X (L_X) /dL_X < 0$，因此，分工与专业化面临着生产成本的节约与交易成本增加之间的权衡。杨小凯（1999）同时考虑生产和消费两方面，假定每个人既是生产者，又是消费者，其决策中的最重要问题是，选择专业化水平和专业化方向，其次才是各种产品数量的相对比例。假定一个经济系统中有 4 个消费者和 4 个生产者，每个人必须消费 4 种产品，可以选择生产 1 种、2 种、3 种或 4 种产品。根据分工程度的不同，经济分为自给自足、局部分工和完全分工三种类型。在自给自足状态中，4 个经济主体之间不发生任何交易，自行生产与消费 4 种产品，此时交易效率为零，没有市场存在。在这种极端的分工状态下，经济系统中不存在任何分工，所有经济主体消费生产结构趋同而导致经济结构较为单一，交易效率为零；在局部分工状态，出现了交易和市场的概念，每个人生产产品降至 3 种，交易次数为 2 次，需要使用交易效率对交易效果加以衡量；在完全分工状态，每个经济主体都生产 1 种产品而通过交易获得其余 3 种产品，每个经济主体都与其他经济主体发生联系，专业化、集中化、规模化均已在分工程度加深的前提下得到了提高，交易效率很高，经济系统处于完全分工状态，如图 3 - 1 所示。

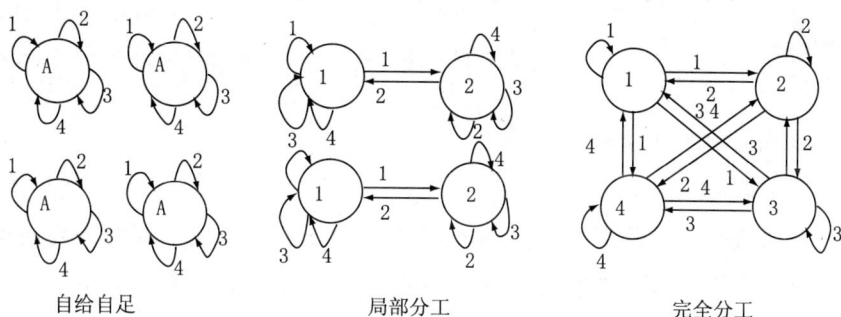

自给自足　　　　　　　局部分工　　　　　　　完全分工

图 3 - 1　分工与交换的发展互动演进

资料来源：杨小凯、黄有光：《专业化与经济组织》，张玉纲译，北京：经济科学出版社，1999 年版，第 292 页。

图 3-1 的分工演进过程中，交易效率起到了重要的解释作用。"如果交易效率极低，则因层系增加以及进一步的横向和纵向分工所得的收益会不够补偿交易费用。在这种情况下，每个人都会选择自给自足，即自给所有的中间产品和消费品。"[1] 从自给自足向完全分工的过渡，可以被视为分工演进框架下分工收益与分工成本的两难冲突的协调。分工的利益虽然显而易见，但愈细致的分工就会带来愈频繁的交易，即使单次交易的成本微不足道，但总体交易的成本却在不断上升，产生的分工成本就会部分甚至全部抵消分工收益。所以，交易效率是影响分工能够演进以及演进速度快慢的决定性变量，交易效率越高，分工收益与分工成本之间也就越容易形成均衡，分工水平也就越高。就是说，因技术、制度和组织等因素而不断改进的交易效率，是促进分工深化的直接动因，并由此推动了商业的发展和市场的一体化进程。

杨小凯进一步用数学模型进行了分析，他假定一个经济社会有 m 个生产者、消费者和 m 种消费品（为了简化分析假设产品种数等于人口数），在时间 t 时，用 X_{it}，X_{itd}，X_{its} 分别代表自给自足的部分，从他人购买的部分和出售给他人的部分。$1-K_t$ 为交易费用系数，则个人在时间 t 的效用函数为：

$$u_t = \prod_{i=1}^{m}(x_it + K_{1xit}^d) \tag{3-3}$$

$$K_t = k/nt,\ 0 < k < 1 \tag{3-4}$$

K_t 代表交易效率，$n_t - 1$ 为购买的产品种数集合，该式表示 K_t 是 n_t 的减函数。

$$U = \int_0^\infty u_t e^{-rt} dt \tag{3-5}$$

该式为个人目标函数：

$$x_{it} + x_{it}^s = (L_{it})^a,\ a > 0 \tag{3-6}$$

该式表明产量随着个人劳动时间投入和分工专业化程度的提高而增加，知识积累（或熟能生巧）和专业化经济是分工演进不可缺少的两个部分。

---

[1] 杨小凯：《专业化与经济组织——一种新兴古典微观经济学框架》，北京：经济科学出版社，1997 年版。

若 $l_{it} > 0$，则 $L_{it} = \int_0^t l_{it} d\tau$；若 $l_{it} = 0$，则 $L_{it} = 0$ $\qquad$ (3-7)

L_i 代表个人从时间 0 到时间 t 生产产品 i 的累积劳动时间投入，表示一定的知识积累水平。

$$\sum_{i=1}^m l_{it} = 1, \ 0 \leqslant l_{it} \leqslant 1, \ l = 1, \ \cdots, \ m \qquad (3-8)$$

l_{it} 表示个人在生产产品 i 时的劳动时间投入，该式表明生产 m 种产品的总劳动时间为 1。每个人既出售产品，同时又购买产品，从收入预算看应满足：

$$pitx_{it}^s = \sum_{r \in R} prtx_{xt}^d \qquad (3-9)$$

因此，上述个人决策问题可表示为：

$$M_{ax} : U_i = \int_0^\infty u_{it} e^{-rt} dt \qquad (3-10)$$

杨小凯得出结论：如果交易效率和收益递增水平非常小，动态均衡从一开始就是自给自足；如果交易效率和收益递增水平足够大，则动态均衡一开始就是极端专业化；如果交易效率和收益递增水平既不大也不小，分工逐渐演进，交易效率越高，分工演进越快。分工水平提高可以产生分工收益，但同时也会导致交易范围拓展、交易频率增加，使得交易费用上升，所以，分工水平的提高要以生产费用和交易费用降低为前提，而降低生产费用与交易费用，依靠提高劳动生产率和降低生产组织费用来实现，交易效率越高，折中分工深化和交易成本提高形成的"两难冲突"的空间就越大。在专业化经济不变的条件下，提高交易效率就意味着提高了分工水平，所以最优的分工水平取决于交易效率。交易效率是交易规模增长的增函数，分工水平、交易效率、交易规模日益发展成为一个动态的均衡演进过程，即交易效率上升—均衡分工水平上升—交易规模扩大—交易效率进一步上升—均衡分工水平进一步上升。总之，分工的深化取决于交易效率的发展水平。

3.2.3.2 交易效率与组织研究

新兴古典经济学用劳动的交易效率解释了企业的产生，通过对劳动的交易效率与中间产品交易效率比较，决定生产企业内部的纵向一体化还是将中间品的生产转让出去，使市场的分工代替企业。若劳动的交易效率大于中间产品的交易效率，则分工会通过劳动市场和厂商来组织，从而促使企业产生，若生产中间产品的劳动交易效率小于生产最终产品的劳动交易效率，则企业会将中间产品的生产转让给别的企业；反之，则由企业自己生产。假定价格反映成本，那么这一条件的满足显然要符合下式：

$$PC_0 + TC < PC + OC \qquad\qquad (3-11)$$

式中，PC_0 为分工后的生产成本；TC 为分工后的交易成本；PC 为分工前的生产成本；OC 为分工前的组织成本。

也就是说，分工后的生产成本与交易成本之和低于分工前的生产成本与组织成本之和时，企业才有可能将中间品的生产出让给别的企业。

新兴古典经济学的重大贡献是将劳动分工和交易效率结合起来，利用交易效率解决市场上自利行为作用下形成的分工经济与交易费用的两难冲突。诺贝尔经济学奖得主阿罗曾称赞杨小凯"使斯密的劳动分工论与科斯的交易费用理论浑然一体"。

3.2.4　网络经济理论

在科斯的理论体系中，企业间组织完全不存在；在威廉姆森的理论体系中，虽然有企业间组织的影子，但是他本人却对这种组织形式持否定态度。因为如果仅仅以交易成本作为衡量各种经济组织效率的唯一标准，企业间组织与企业相比，不具有节约交易成本的优势，与市场相比，又不具有规模经济和范围经济的优势，因此，交易活动由企业或者市场来组织即可，而没有必要由不具有任何优势的企业间组织来完成。所以，在经典的企业—市场两分法中，处于企业与市场之间的各种中间组织形式没有存在的必要。然而，近年来各种中间组织形式层出不穷，并俨然有一种要取代企业和市场组织成为主流的趋势，说明这种新型的组织形式必然有其独特的超越企业和市场的优势。

日本学者今井贤一等用 (M^1, M^2) 代表市场组织、(O^1, O^2) 代表企业组织，$(M^1 + O^1, M^2 + O^2)$ 代表中间性组织，其中 M^1 表示利用市场价格机制追求利益最大化；M^2 表示可以自由进入或退出市场；O^1 表示利用权威命令追求共同利益最大化，O^2 表示稳定的、长期的关系。他们认为纯粹市场组织和纯粹企业组织配置资源都可能失效。纯粹市场组织 (M^1, M^2) 失效的原因有两个：第一是因为它的决策原则 M^1，交易者因为个体利益采取短期目标的机会主义行为；第二是因为它的成员原则 M^2，市场中由于成员的自由进入和退出，没有太多的机会积累共同信息，增加交易谈判的信息成本，当市场交易的商品增加时，信息沟通越来越困难。解决上述失效的办法有两个：一是把 O^1 引入 M^1，企业为了长期的整体利益，可以通过权威约束每个成员企业的行为，就会出现 $M^1 + O^1$；二是把 O^2 引入 M^2，即让交易者加入彼此之间长期的、半稳定的关系中，从而减少机会主义行为，出现 $M^2 + O^2$。同样企业组织失效的原因也有两个：第一是共同利益最大化 O^1 存在缺陷，在等级制度管理中个体缺乏充分的私人激励存在"偷懒"和"搭便车"现象，管理成本高；第二是信息的积累 O^2，企业组织中成员进入或退出组织受到一定的限制会导致成员数量的有限和成员变化缓慢，这种固定而连续的组织成员会产生信息积累的刚性。补救企业组织失效的方法是把 M^1 和 M^2 引入企业的 O^1 和 O^2 中，这样随着组织因素渗入到市场和市场因素渗入组织中，便形成了形式各异的"有组织的市场"和"有市场的组织"。

20 世纪 80 年代，经济学家借鉴网络分析方法并将其应用于经济领域研究，逐渐形成了企业网络理论，用网络分析方法来阐释美国互联网条件下的知识经济，进而形成了广泛渗透于市场理论和组织理论中的网络经济理论。欧志明等（2001）认为，企业经营的复杂环境往往要求必须依靠其它组织才能获得所需要的资源，在这种情况下，企业不得不通过组织间的协调与管理，采取各种形式的合作，形成一种稳定的资源流动方式，企业网络组织中各企业在相互间的协议或合同的共同管理与协调下，保证了资源外部性条件下资源流动的持续性和可靠性。各流派从不同的角度对网络经济进行了论述，表 3 - 3 概括了各流派的观点。

表3-3 企业间网络组织理论各流派观点

流派	理论基础	主要观点	社会效益
主流经济	规模效益理论	企业扩张不再是传统经营式扩张,而是通过协作最大限度地使用他人占有的经营资源,也就是以更低的成本来控制某种投入	突破了"大企业病"规模不经济的限制,通过资源优势的互补避免了重复建设和资源浪费,提高了社会效益
互补性观点	企业能力互补	每个企业根据自身能力从事分工活动的某个阶段,将自身的全部智能和资源专注于核心业务,既可以获得更高效率、更低成本的专业化服务,还利用其特有的价值整合功能,使得网络向最终用户提供的产品和服务实现的价值大于各个企业独立创造的价值之和	网络成员能够专心在各自的专业领域不断改进技术水平和生产方式,有利于从总体上降低公司的运作成本、提高营运效率
成本理论	交易费用	企业不必支付昂贵的成本组建一套完整的组织体系就能完成企业运行所需的各项必要功能。同时长期信任和合作关系,有助于降低契约谈判费用和重复签约费用、降低市场风险、抑制机会主义行为、降低信息不对称的程度、减少了契约的实施和监督成本,从而降低总体交易成本。	节约成本,同时企业充分利用社会资源,提高资源的利用率

续表

流派	理论基础	主要观点	社会效益
风险分担理论	相关风险和运作风险	由于企业联盟的目标只是其成员目标的部分重叠，所以不可避免地天生就有利于合作伙伴在未来行为不确定性的风险。通过建立相互的信任，签署更为详细的协议，或是相同的成员重复地进行合作，都会使得成员的行为可以预期，从而降低相关风险。企业选择网络组织结构的动机就是为了加入某个联盟分担风险	企业的总风险降到最低
资源依赖理论	资源共享	网络组织形成的主要动机在于扩展企业所能控制的领域。企业的生产活动依赖很多的资源。当企业无法通过市场和企业内部突破自身资源限制时，企业必须通过契约的形式与其他企业进行适当的协调，实现资源共享，优势互补	资源共享，资源利用效率最大化，进一步拓宽了生产组织方式研究的范围
组织学习理论	组织学习	对于每一个企业来说，由于自身的认知能力有限，它有时无法认识和解释外部环境（技术、制度、市场等）的变化，而其他一些企业又恰好具备与这种变化相适应的知识集合，这样企业间组织可以使得组织中的每一个企业充分利用其他企业的认知能力来弥补自身的不足。企业间网络有利于默会知识的传播	通过网络来获得企业不具备的而其他成员拥有的专门知识和技能。由于成员的互动和交流，非常有利于默会知识的传播

续表

流派	理论基础	主要观点	社会效益
战略管理理论	企业管理	每个企业所拥有的资源都是有限的，不可能在所有的业务领域都具有竞争优势，企业应该持续地在具有核心竞争力的业务上进行投资，而将不具备核心竞争力的业务进行外包。这样可使企业将管理集中在核心业务资源分配，还可以通过与企业外部组织相互依赖、共享信息、共享收益、共担风险来提升企业竞争力，保持竞争优势	企业规范竞争和加强自身的市场地位

资料来源：根据相关资料整理。

3.3　研究空间

国内外专家学者对道路货物运输已经做了大量的研究，国外的研究主要聚焦微观领域，更多地偏重于技术研究，运用模型研究智能化运输。发达国家在道路货物运输网络化组织方面虽然取得一定的研究和实践成果，但主要是研究运输企业间协作，研究如何通过联盟、兼并等方式提高市场集中度，形成以大企业为核心的市场组织模式。我国学者对国外道路货物运输发展对我国的借鉴意义研究，更多的是参考国外道路货物运输以大企业为核心形成的大、中、小企业合理发展的现状，提出我国道路货物运输业发展的方向是培养一批有市场竞争力的大企业，提高市场集中度。对道路货物运输的研究基本上仅限于现状描述和管理建议，研究中只是使用到集中度、企业规模、市场结构等产业组织相关概念，并没有在产业组织理论框架下进行全面、深入的研究。

关于道路货物运输组织的理论研究，绝大多数将产业组织理论方法进行简单平移，进行道路货物运输业市场结构、市场行为、市场绩效分析，而针对道路货物运输特殊属性进行道路货物运输组织研究的较少，并且大部分研究是静态研究，没有基于动态产业演进对道路货物运输组织进行研究，也就没有能够基于道路货物运输市场现状研究如何将现有的道路货物运输资源整合起来，没有根据运输产品发展特点研究道路货物运输组织模式。

前人的研究已取得了一定的成果，但还有许多值得继续深入研究的空间。首先，已有的研究没有形成定论，还有继续完善的可能，值得进一步深入下去；其次，是对道路货物运输的研究还仅限于阐述存在的现象，将经济学前沿理论运用到道路货物运输的研究还存在空白。本书将在前人研究的基础上，将这些研究继续向前推进。

（1）虽已有大量的文章研究道路货物运输，但也只是论述其"多、小、散、弱"，而没有分析如何整合零散的运输资源实现运输效率最大化，更多的是关注数量众多的运输企业之间的竞争，而没有对道路货物运输企业之间合作进行研究。所以，道路货物运输组织必须突破企业角度的研究，从产业组织的角度对产业内企业之间的关系进行深入研究。

（2）运输经济学在很长的一段时间内似乎与主流经济学没有很好的接触，古典经济学、新制度经济学、新兴古典经济学关于经济组织的研究都不能直接平移或套用到道路货物运输中，因此需要构建分析道路货物运输组织的理论框架。

（3）目前道路货物运输资源整合已成为共识，但是对于各类运输企业之间分工和合作方式研究很少，也就是说，道路货物运输组织模式还有待进一步研究。大型的第三方物流企业对货运资源进行整合的现象已经存在，但是还没有对这一现象的产生进行理论研究。

（4）发达国家道路货物运输的发展实践和我国道路货物运输发展趋势都证明了道路货物运输发展途径是网络化和组织化，但是没有人研究网路化和组织化运输相对于分散的运输具有哪些效益。

本书紧紧围绕这些值得继续研究的空间，构建道路货物运输组织理论架构，研究道路货物运输组织模式及组织效益，以期通过道路货物运输合理组织的研究寻找提高运输资源利用效率的方式。

3.4　本章小结

国内外对道路货物运输组织都做了很多研究，国外对道路运输组织的理论研究偏重于如何通过联盟、兼并等方式提高市场集中度。国内对道路货物运输的研究更多的是分析道路货物运输存在的一些现象，并通过对发达国家道路货物运输的考察，提出我国道路货物运输发展的方向是培养一批有市场竞争力的大企业，提高市场集中度。国内外对道路货物运输组织进行理论研究的很少。

从古典经济学、新制度经济学、新兴古典经济学到网络经济都对经济组织进行了研究，分工提高交易效率，同时增加交易成本，企业、市场、企业间组织三种经济组织形式在分工效率和交易成本上有不同的表现，经济组织形式需要根据实际交易效率的高低情况进行选择。近年来处于市场和企业之间的各种中间组织形式层出不穷，并俨然有一种要取代企业和市场组织成为主流的趋势，说明这种新型的组织形式由于能够兼顾分工的生产效率和交易成本，有其独特的超越企业和市场的优势。运输经济学在很长一段时间内似乎与主流经济学没有很好地衔接，关于经济组织的研究都不能直接平移或套用到道路货物运输中，因此需要构建分析道路货物运输组织的理论框架。

本书在前人研究的基础上，紧紧围绕这些值得继续研究的空间进行研究。

第 4 章　道路货物运输中间性 组织理论

在市场和企业之间并不存在明确的界限，它们之间相互渗透，形成了复杂多样的制度安排，这些复杂多样的制度安排被称为中间性组织。中间性组织是分工与合作演化自然形成的一种组织模式，这种组织模式既能够利用分工带来的专业化生产提高劳动效率，又能够降低由于分工产生的交易频率增加而增加的交易成本，最大限度地获得分工合作效益，增强合作组织的力量。道路货物运输中间性组织改变了运输企业组织边界，使得企业组织更富有弹性和效率，与一般产业的中间性组织相比，道路货物运输中间性组织在分工合作效益上具有共性，但是在组织结构和组织特性方面又有其特殊性，本章针对道路货物运输的特性，架构道路货物运输中间性组织理论。

4.1　中间性组织概述

企业、市场和中间性组织是资源配置的三种方式，究竟采用哪种方式，主要取决于边际交易费用和组织费用的大小，也就是如何合理的解决分工与交易费用之间的两难冲突。中间性组织是解决两难冲突的一种制度安排，是一种合作竞争型的准市场组织。

4.1.1　中间性组织界定

威廉姆森根据交易技术结构和组织效率之间的关系，从企业和市场之间区分出了中间性组织，从此对中间性组织的理论研究逐步深化，但至今对其概念无统一的看法。

4.1.1.1　前人对中间性组织的界定

Richard Larsson（1993）建议用市场、企业间协调和企业科层的三级制度框架来代替传统的市场和企业科层两级制度框架。日本学者今井贤一（1996）认为，市场是以价格为决策依据进行一次性交易的制度安排，企业是以权限划分为决策进行连续交易的制度安排，而中间性组织是介于企业和市场之间兼有二者特征的混合性制度安排，可以是以价格为决策依据但采用的是连续交易方式，也可以是以权限划分为决策依据但采用的是市场交易方式。丸川知雄（1992）从企业与企业的关系角度对企业、市场、中间性组织做了区分。他认为，企业与企业之间的关系有纵向一体化和偶然的市场交易两种极端形式，处于两者之间的是中间性组织形式。Richardson 把企业之间的合作概念看做市场或企业科层协调机制之外的第三种协调机制。由于许多需要协调的活动不可能完全通过市场来承担，也不可能或不必要全部由一个企业承担，就可以通过企业之间的能力互补来进行，这种协调机制就是一个"网络"。在前人研究的基础上，陈红儿和刘斯敖（2003）总结了中间性组织的定义，认为中间性组织是通过企业和市场的相互渗透，并借助于一定的纽带融合而成，相对稳定并独立存在的组织形态。杨蕙馨和冯文娜（2005）对中间性组织的定义是，在信息技术的支持下，企业之间基于核心能力，建立在信用基础之上，以合作为目的，依靠价格机制和权威机制配置资源，具有网络特性的相对稳定且普遍存在的一种契约安排。

4.1.1.2　本书对中间性组织的界定

以往对中间性组织的界定更多的是把它作为企业与企业之间的交易关系，导致了将实实在在存在的组织看成是某种合作关系的误区，甚至认为中间性组织就是同时利用价格机制和权威机制来进行企业间协调的合作关系。其实，中间性组织是独特的第三种机制，而并不是两种机制并用或是简单地混合，中间性组织的生产和交易功能必须有协调发挥作用的客体才能实现，中间性组织的研究应该注重组织实体。

如果企业从事生产和服务过程只是分工活动的一部分，企业的活动必须与其他企业相互依赖、相互补充，并在企业之间相互协调，这种协调是通过具有交换关系的网络来实现。本书对中间性组织的界定是分工合作的企业间通过制订共同计划，或者是通过一方对另一方行使权力产生了企业间互相依赖和长期关系的多样性契约安排，形成了企业间作用的网络，网络中各成员企业保持着自己的经营自主权，各企业仍建立在市场关系的基础上，但这种关系超越了正常的市场交易，是一种半企业半市场的企业网络组织形式。中间性组织中企业间的长期稳定合作可以实现信息交流，有助于交易双方相互积累有关的技术、环境和市场信息，提高资源共同利用效率。企业间互相信任和长期的合作以及行为规范的约束，可克服市场失灵，降低机会主义动机和非机会主义动机导致的成本，同时也可克服企业内部一体化的组织失灵，防止由于企业规模扩张导致组织费用过高，所以中间性组织可实现交易费用和组织费用的最小化和效率的最大化。

4.1.2 中间性组织特性

中间性组织兼有市场和企业双重成分，通过相互持股或长期交易形成联合体，降低交易条件改变和交易条件失败产生的成本，具有以下特性。

4.1.2.1 结构特性

中间性组织通过企业纵向等级结构与市场横向平行结构的相互渗透与融合，形成纵横交叉的协调结构。中间性组织比市场组织稳定，比企业组织松散。成员企业自主决定与中间性组织网络的关系，自主决定建立或中断与网络之间的联系。组织中各成员企业是独立平等的关系，每个成员企业拥有自己独立的决策权，各成员企业又是相互依存的，根据自身优势在网络中确立相应的位置，通过优势互补的生产要素共享重组产生协同效应，实现资源优化配置利用。中间性组织淡化了企业与其外部环境的界限，超越了传统组织的有形界限，企业要素获取与使用无边界。

4.1.2.2 运作特性

中间性组织成员是彼此独立的企业，企业之间通过契约合作，在合作中企业之间也存在竞争关系。一旦其他企业掌握了需要由本企业配合的能力，或外部环境的变化使得其他企业不再需要由本企业提供的能力时，企业间就失去了分工合作的基础，就会对本企业造成威胁。中间性组织企业分工合作的竞争联盟最终强化而不是抑制了竞争。中间性组织的竞争与市场交易的竞争不同，是一种合作式竞争，企业在长期合作过程通过契约和共同协商来避免机会主义行为成本。因此，中间性组织中的企业长期合作有利于形成彼此间的相互信任机制。

4.1.2.3 效率特性

传统企业的规模调整基于边际成本与边际收益曲线交点的变化，中间性组织突破了传统经济学企业研究模式，中间性组织的边界基于最佳能力要素的接口或连接密度，边际收益曲线与边际成本曲线不相交，传统企业的成本函数具有明显的边际成本递增的二阶性质，而中间性组织边际成本递减或不变。

当成本函数为 $c = \Phi(q) + F$，利润函数为 $\pi = pq - \Phi(q) - F$，于是，$\dfrac{d\pi}{dq} =$

$p - \Phi(q) = 0, \dfrac{d\pi^2}{d^2\pi} = -\Phi''(q) = -\dfrac{d^2c}{dq^2} < 0, \dfrac{d^2c}{d^2q} > 0$。

4.2 道路货物运输中间性组织成因

道路货物运输生产过程涉及多个环节（如车辆调度、货运场站的使用、货源信息等），这些环节的交易可以通过市场进行，也可以通过企业内部组织进行。例如，货物运输企业可以购买车辆或租赁车辆，可以自己建设货运场站或租用货运场站；货主可以自己组织运输，也可以将运输业务外包给专业的运输经营者。根据中间性组织理论分析，无论是通过企业间的市场交易，还是企业内部管理都不能实现效率最大化，中间性组织是分工和合作演化自然形成的一种组织形式。

4.2.1 中间性组织的形成条件

道路货物运输中间性组织出现的条件可用图 4-1 说明。图中 T_m 表示道路货物运输市场交易费用，T_i 表示运输企业内部组织成本，B_m 是通过市场交易的收益，指销售收入超出所有的生产、销售和管理成本，B_i 表示同样的活动通过企业内部科层组织时的收益。根据图 4-1，$T_m > T_i$ 和 $B_m > B_i$，$T_m > T_i$ 说明由于存在交易费用，说明企业内部科层管理比市场交易具有更高的效率，通过企业内部化来组织运输生产是可行的。运输市场和其他产品市场不同，运输需求不稳定，运输企业为了满足高峰期运输需求需要存储运力，会造成资源闲置，所以考虑到收益，$B_m > B_i$ 说明企业内部化组织生产收益又小于通过市场交易的收益，通过企业内部化来进行运输生产又是不可行的。如果通过市场交易效益将会增加，但是单车分散经营的运输组织模式交易费用高，能够达成的交易数量少。如果市场交易频率低市场结构就可以单车分散经营市场交易。如果市场交易频率提高，交易不确定性高，$T_m > T_i$ 说明市场交易成本比组织成本高。这种两难困境的解决办法是通过信任、合作、建立贸易伙伴关系，使得 T_m 向 T_i 方向移动，此时便产生中间性组织形式。各类运输企业利用发挥其优势，具有资源整合能力的企业通过与其他企业的合作甚至可以不拥有运力，借助合作企业的运输设施、设备或能力，来完成部分运输过程，零散的运力借助合作企业所形成众多的代理网点，低成本扩张其经营网络。道路货物运输中间性组织同时利用外部市场的利益优势和内部组织的控制成本优势，企业既不采用内部一体化，也不以市场交易作为基本治理结构，分工合作的中间性组织成为效率最高的治理模式。

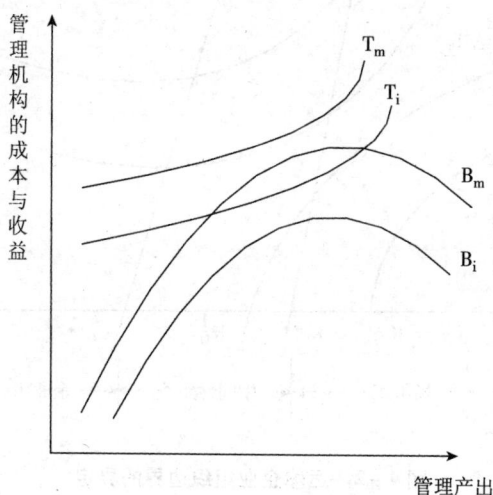

图 4-1　道路货物运输中间性组织出现条件

资料来源：迈克尔·迪屈奇：《交易成本经济学——关于公司的新的经济意义》，北京：经济科学出版社，1999 年版，第 64 页。

4.2.2 中间性组织边界界定

道路货物运输生产有三种组织方式：①市场组织方式。即若干运输企业以自愿衔接和外部临时合同合作完成货物位移的全过程。②企业内部管理方式。即组成一体化大型企业内部管理的形式，以便形成覆盖全部或大部分货物位移的大型服务网络。③中间性组织方式。此方式处于前两者之间，即通过比市场的外部合作程度更高，但不及企业内部管理程度的准一体化形式完成货物位移全过程。运用威廉姆森启发性模型，以资产专用性 K 为横坐标、成本费用 C 为纵坐标，根据交易成本和组织成本对纵向一体化组织模式、市场化组织模式与中间性组织模式的边界进行划分，如图 4 - 2 所示。

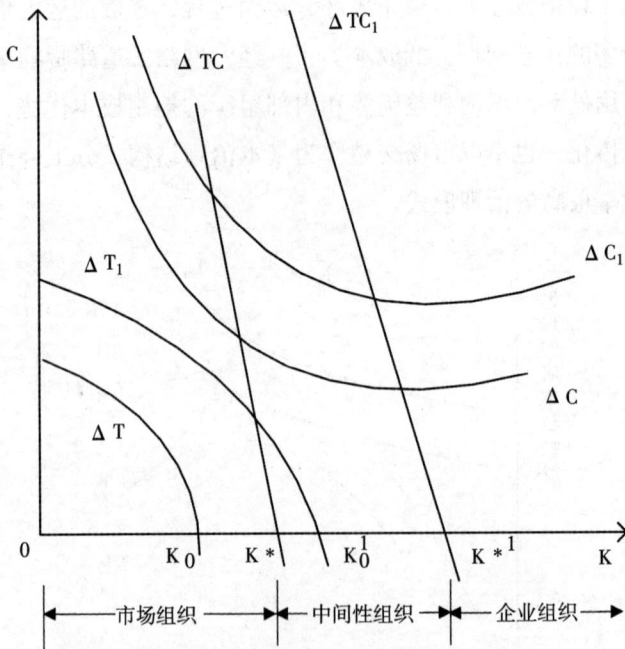

图 4 - 2   运输企业组织边界的界定

ΔC 曲线表示企业纵向一体化与市场交易成本的差异，即：

$$\Delta C = C_i - C_m \tag{4-1}$$

式 (4 - 1) 中，C_i 代表企业内部组织运输的成本；C_m 代表运输外包的成本。

ΔT 曲线表示运输外包的交易费用与运输企业内部组织的组织费用的差异，常被称为交易转移费用。

$$\Delta T = T_i - T_m \qquad\qquad (4-2)$$

式 4-2 中，T_i 代表运输企业内部组织的组织费用，T_m 代表运输业务外包的交易费用。

将内部组织运输的运作的成本差异与交易成本差异相加即可得到总成本差异。即：

$$\Delta TC = \Delta C + \Delta T = (C_i - C_m) + (T_i - T_m) = (C_i + T_i) - (C_m + T_m) \quad (4-3)$$

如果 $\Delta TC > 0$，运输企业内部纵向一体化总成本大于运输业务外包的总成本，企业应该选择外包的模式，即在资产专用性小于 K^* 时采用外包的模式；如果 $\Delta TC < 0$，运输企业内部一体化的总成本小于运输业务外包的总成本，即在资产专用性大于 K^* 时，运输业务应该选择内部一体化的模式。K^* 是企业内部组织货物运输和市场的边界。

随着市场化外包的发展，使得运输企业之间的关系逐渐由随机的短期的合作向长期的稳定的合作发展，C_m 和 T_m 同时降低，ΔT 曲线和 ΔC 曲线分别移动到 ΔT_1 和 ΔC_1，则 ΔTC 向右移动到 ΔTC_1，K^* 移动到 K^{*1}，K^* K^{*1} 之间以前的内部组织转化为企业间协作模式。K^* 和 K^{*1} 分别成为外包和协作以及中间性组织和内部组织的边界点。市场组织、企业内部组织和中间性组织区别如表 4-1 所示。

表 4-1　市场、企业、中间性组织多维比较

	制度安排形式		
	市场	中间性组织	企业
企业边界	企业之间	企业之间	企业内部
调节分界线	自我调节	联合调节	强制调节
调节机制	价格机制	契约协调与价格机制	权威
调节的力量来源	供求	谈判、博弈	计划
协调成本	交易成本	组织成本与交易成本	组织成本

续表

	制度安排形式		
	市场	中间性组织	企业
资源配置方式	价格机制	价格机制和科层组织混合调节	科层组织调节
交易成本比较	大	适中	小
组织成本比较	小	适中	大
稳定性比较	不稳定	相对稳定	稳定
业务关联性	无	较强	强
合作程度	激烈竞争	竞争与合作	合作
竞争性	强	较强	弱

资料来源：根据 Richard Larsson. International Studies of Management and Organization , M. E. Sharpe（1993）资料整理。

由以上分析可以看出，这三种方式各有特点，但综合考虑交易成本和组织成本，中间性组织更有效率。中间性组织模式不仅可避免纵向一体化模式下较高的监督和管理成本，而且可有效降低完全市场化外包所带来的较高的信息搜集和谈判成本。但是道路货物运输生产选择哪种运输组织方式没有唯一的决策标准，企业除了考虑成本外，还应考虑专业化、规模经济和企业核心能力的提升等因素。由于运距、货物类型、市场供需环境不断变化，运输生产组织模式选择根据成本、利润、风险以及企业发展的考虑，灵活地进行调整，更多地体现为一种混合的组织模式。如 TNT 公司在欧洲道路运输网络中，在卫星集散站与客户之间的短途配送运输的85%由TNT自有的小型运输车辆承担，而在卫星集散站与主集散站之间及主集散站之间的长途运输的70%采取紧密型外包的模式，30%由 TNT 自有车辆运输。

4.3　道路货物运输中间性组织构成

道路货物运输中间性组织是由网络节点企业、网络连接纽带、运行机制三个要素构成的。

4.3.1　网络节点企业

网络节点企业是构成中间性组织网络的基本要素，可以是运输中介服务企业、大型运输企业、中小型运输企业，也可以是社会零散运力等。网络节点企业具有信息处理能力和决策能力，提供给中间性组织的是资源和技术，对信息加工处理能力和对中间性组织网络贡献大小决定了其在网络中的地位和作用。

中间性组织网络既有共同的目标，又有节点企业参与网络的个体目标，在共同目标引导下，合理安排完成运输所需要的资源，没有共同的目标，节点企业就不能识别合作的意愿和效能，也不知道合作行为是否会带来合作的收益。只有合作各方的中心业务具有较高的一致性与契合度，才能协调合作各方的经济行为。

4.3.2　网络连接纽带

中间性组织并不是不同节点企业的简单叠加，而是通过信息沟通和相互作用的路径将节点企业联系起来的网络构架。道路货物运输生产过程完整性离不开各类基础设施和信息系统的连接，信息平台是各网络节点信息沟通的方式，运输场站、配送中心等运输节点设施是运输生产的空间布局，道路货物运输生产过程所依赖的运输资源系统是网络组织的硬连接纽带。网络节点企业之间通过维持长期动态联盟形成有机联系，运输企业之间分工合作的组织形态是网络组织的软连接纽带。

4.3.3　网络运行机制

运行机制是中间性组织的调节器，建立完善的机制能够对节点企业的行为进行有效的协调、约束与激励，使网络组织处于良好的运行状态；反之，节点企业个体机会主义行为会使整个网络运行秩序紊乱。所以，要保证中间性组织的有效运行，除合理构建网络结构之外，还要建立各种运行机制，以对节点成员的行为进行有效的协调、约束与激励。网络运行机制包括信任机制、协调机制、决策机制、约束机制等。

4.4　道路货物运输中间性组织结构

组织结构是决定组织效率的关键因素，中间性组织是由于企业间分工而结成的网络，因而中间性组织的组织结构就是网络组织结构模式。道路货物运输中间性组织发展形成有核心的网络结构，处于网络组织核心的运输服务企业是运输供给和需求的中间层，运输供需之间通过核心企业进行间接交易。

4.4.1　中间性组织结构类型

道路货物运输中间性组织结构根据网络中成员之间的关系分为有核心企业的网络组织和无核心企业的网络组织，有核心企业的网络组织又分为单核心的网络组织和多核心的网络组织。

4.4.1.1　根据有无核心企业划分

（1）无核心企业的网络结构。网络内成员企业通过一个开放的契约进行协作，企业不管规模大与小只要参与协作就要遵守协议。契约协议是协调网络内各成员企业关系的手段。网络中成员企业地位上是平等的，企业之间合作关系比较松散，一切活动都建立在平等协商的基础上，任何一个企业都无法支配网络内的全部资源。

（2）有核心企业的网络结构。网络中企业在名义上是地位平等的独立企业个体，但事实上成员企业之间的合作关系非常紧密，处于核心地位的企业利用其所掌握的资源和信息，对网络组织中的其他成员企业具有较强的控制能力。非核心企业对资源、信息的不对称性越高，核心企业对非核心企业的控制能力就越强，核心企业在网络中的地位越重要。

有核心企业的网络结构与无核心企业的网络结构相比，核心企业与其他成员企业之间关系更多的是通过权威机制协调。

4.4.1.2　根据核心企业的数量划分

（1）单核心网络结构。网络中处于核心的企业只有一个，它对非核心企业具有较强的控制能力，非核心企业之间也存在直接或间接的联系。核心企业与非核心企业之间权威协调多于价格机制协调，而非核心企业之间联系更多的是价格机制。

（2）多核心的网络组织结构，在中间性组织的网络中存在两个以上以各自核心企业为中心的子网络，子网络中每个核心企业都与若干个非核心企业相连接，各个子网络相互联结相互嵌套。网络中核心企业与其他子网络中的非核心企业之间的协调以价格机制为主导，各核心企业之间的协调以价格机制为主。

道路货物运输中间性组织网络中具有资源和信息优势的企业对网络中的其他企业具有控制能力，成为网络核心企业。网络中非核心节点企业分为同质节点和异质节点两种，同质节点功能相同或接近，它们之间是竞争合作具有替代性特征，如运输服务功能相同的整车运输；异质节点功能差别明显，他们之间是互补性合作，节点具有灵活性和互动性。

4.4.2　中间性组织核心职能

传统经济学中市场是无摩擦力的，作为买方的消费者和作为卖方的供货人之间可以无成本地互相搜寻、直接交换并对交易条件讨价还价。与无摩擦力经济的理想情况相反，真实市场的交易效率取决于搜寻的时间成本、谈判成本以及买卖双方信息不对称的成本，所以买卖双方直接交易所需要的成本往往非常高。中间性组织中处于核心的企业不仅要协调组织成员的分工合作，甚至还要作为运输供需双方的中间层，进行运输价格的制定，进行集中交易。

丹尼尔·F. 斯帕尔伯的企业中间层理论在分析厂商产生的原因时认为，中间层企业之所以出现并不仅仅依赖于生产技术方面的原因，而是由于经由中间层的交易能比买卖双方直接交易带来更多的利益，当由中间层介入所带来的交易成本节约足够大，或买卖双方通过中间层的交换收益超过直接交换的收益时，中间层企业就会形成。道路货物运输市场结构具有供需分散的特征，分散的运输供给和运输需求导致交易成本高，交易的难度大，道路货物运输中间性组织中的核心企业扮演了介于买方和卖方之间的中介，通过自己在买卖双方之间的角色，无须把买卖双方合并起来，通过创造更加有效率的市场交换来成功地降低交易成本，市场的交易效率依赖于中间层企业所创造的交换制度成本与收益的对比。

道路货物运输中间性组织中的核心企业作为中间层不仅架起了运输需求和运输供给之间的桥梁，还扮演着中间层的四个经济角色：代理人、监督人、经纪人和沟通人。代理人是托运人将货物委托给运输中间层，委托—代理合约中，中间层充当中介，代表委托人的利益，运输中间层又将货物委托各承运人进行具体的运输活动，所以运输中间层具有双重代理人的身份，与运输需求方或运输供给方进行交易；监督人是指运输中间层作为托运人的代理人监督具体运输过程的代理人的工作业绩；作为经纪人，运输中间层通过帮助运输供给方和运输需求方协调合约，达成交易来充当经纪人的角色；作为沟通人，运输中间层通过在市场上搜集信息和向运输供给方和需求方传递信息来充当中介。运输中间层的收益是因为增加了买卖双方的利益或者因为降低了总的交易成本使自己获得了经济租金，轻资产的运输中间层更多的执行交易中介的作用，可以降低控制专用性资产的需要，并不一定必须拥有资产的所有权。

企业的中间层理论把中间层存在的理由归结为由中间层操作市场交易可以节约交易成本，但与以往的交易成本理论不同，它突出企业运作市场的职能，把中间层企业看做是制造并运作市场的主体，中间性组织在市场交易中的作用包括制定价格、出清市场、配置资源和协调交易，市场是通过中间性组织的策略定价和缔约行为来达到均衡的。因此由于中间层的存在，市场不是外生给定不变的，而是由中间层企业来创造并运作的。

4.4.3　中间性组织网络模式

道路货物运输中间性组织是由于运输企业间分工合作而结成网络结构模式，是以运输中间层为核心形成的中心——外围的组织形式。假如从事道路货物运输的有 N 个企业，它们之间形成联系，企业和企业之间沟通为 C，则 MAX（C′）= N* (N－1) /2，如果通过运输中间层提供统一的沟通界面或企业之间交易的基础，企业的交易界面将下降为 N。这种情况下，各企业的关系，从传统的 1：1 链状结构逐渐演变到了 1：N 网状的结构。运输的中间层不仅是运输企业间的连接纽带，还是运输需求方和运输企业之间交易的中介，运输中间层配置运输资源、制定运输价格、协调运输生产，是运输网络链条的设计者、控制者。

道路货物运输中间性组织是以任务为导向的一种合作运转方式，运输中间层根据每项具体运输任务对资源和能力要求，寻找具有适当能力和资源的企业共同完成任务。运输中间层与合作企业通过签订运输协议，借助于网络技术和信息系统，对运输任务以成本最小的原则进行统一分配，网络内的企业依据一次运输任务建立临时性的合作关系，每个企业只对与自己能力、资源相关的任务做出贡献，一次运输任务完成后企业间的临时性合作关系解除。合作对象选择具有偶然性和随机性，企业间的合作有时甚至是无意识的，一次运输任务完成后参与此任务的企业重新回到网络中，这些企业在网络的关系依然是建立在信用基础上长期合作的动态联盟关系。

4.5　道路货物运输中间性组织效应

道路货物运输中间性组织是网络组织，兼具网络外部效应和网络规模效应。

4.5.1　网络外部效应

工业经济时代的规模经济主要源于资产专用性和某些技术的不可分割性，网络经济具有网络效应，网络组织系统的效率不但与参与到网络中的个别部门、个别企业的效率有关，而且与参与到网络中的部门和企业数量有关。也就是网络经济学中的梅特卡夫法则，是指网络价值等于网络节点数的平方，具体来说，某节点连接到一个网络的价值取决于已经连接到该网络的其他人的数量，或者说网络效益随着网络用户的增加呈指数增长，这样，处于同一网络的节点企业越多，给每个企业带来的价值越大。道路货物运输企业网络属于企业生产网络，企业生产函数如下：

$$P_i = P_I(C_i, L_i, E_{i,1})$$

其中，C_i 和 L_i 表示资本和劳动，$E_{i,1}$ 表示运输企业 i 通过参与网络 I 获得的信息量，此信息量受到网络 I 的技术特征 $T_{i,1}$ 以及参与到该网络的企业数量的信息联系函数 $M_{i,1}$ 的影响，即：

$$M_{1,n} = M_1(I_1(t), I_2(t), \cdots, I_n(t))$$

其中，I_j（$j=1$，$\cdots$，n）表示企业 j 与网络上其他成员的交流次数。每次使用得到的信息量与交流量有关，交流质量用交流时间长短 t 来衡量。企业 i 获得多少信息，除了与网络现有企业数量有关外，也与网络内现有企业使用网络的频率有关。此外，网络中增加新的节点，将使网络联系与传达信息的能力增强。为了分析方便，假设企业使用网络的频率固定，网络使用者越多，信息传递也越强，即：

$$M_{1,n} = M_1(I_1(t)，I_2(t)，\cdots，I_n(t)) < M_{1,n+1}$$
$$= M_1(I_1(t)，I_2(t)，\cdots，I_{n+1}(t))$$

信息函数为：$N_{i,1} = N_{i,1}(T_{i,1}，M_{1,n})$

当存在正外部性时，表示为：

$$P_i = P_i(C_i，L_i，E_{i,1}) < P_i(C_i，L_i，N'_{i,1})$$
$$N_{i,1} = N_{i,1}(T_{i,1}，M_{1,n}) < N'_{i,1} = (T_{i,1}，M_{1,n+1})$$

企业 i 产出数量多少与加入网络中的企业数量有关，而不是由企业自己决定的。也就是说，道路货物运输中间性组织由加入网络组织的企业数量决定网络的价值，能够吸纳的加盟企业越多网络越有价值。这种价值实际上是一种合作效应，是处于同一网络的不同企业间的合作所产生的一种效应。

道路货物运输的网络价值关键是网络核心企业提供网络服务的功能，决定网络服务的功能有两个关键因素：

（1）网络服务的差异化。服务的差异化是具备满足运输需求方的不同需求的能力和提供服务的技术水平。网络系统所具有的业务功能是影响网络化效益的根本因素，网络所覆盖的范围决定运输需求方的生产经营活动能够在多大范围内实现，提供服务的技术水平决定给运输需求方提供服务的质量、服务功能。网络组织中的核心企业通过运输流程设计来产生差异化的服务，并且提供附加的服务如提供信息追踪、金融服务等运输衍生服务来增加网络的价值。通过完善网络服务吸引更多的用户加入这个网络，提高网络的竞争力。

（2）网络规模。网络规模是影响网络服务功能的另外一个关键因素，网络核心企业以其品牌声誉及网络服务的能力，来吸引众多的运输需求和运输生产企业加盟，拥有的加盟企业越多，网络更加能够帮助货主和运输企业搜索到合适的交易对象，并提高与之成功发生相互作用的概率，整合运输资源的效率和速度才能大幅提升，反过来才能吸引更多的用户加入，网络的功能和网络的用户是"鸡和蛋的关系"。中间性组织为了吸引更多的加盟企业，往往采取会员制的形式向加盟企业收取会员费，分别向运输需求企业和运输服务企业收取差别费用以吸引企业加盟，对哪边用户进行价格补贴取决于双边用户的交叉价格弹性和双边网络效应的对比，由于货源是网络价值的前提条件，一般会向运输需求企业制定低价格或免收费用。在制度设计中还可以通过对双边市场会员的信誉审查和交易的第三方合同监督来实现网络的制度性保证，提升运输网络组织的信用级别，吸引更多企业的介入。

4.5.2　网络规模效应

道路货物运输网络规模具有需求方规模经济特点，需求方规模经济是指市场中某产品的用户基数达到临界规模后，随着用户数的增加可以进一步增强该产品的网络效应，并使每一个用户的效用增大，充分享受正反馈效应，新的用户就会加入；相反，用户数量未能首先达到临界规模，网络效应较弱的产品，不仅难以吸引到新用户，还将面临失去老客户的风险，其最终的结局往往是退出，因此，在网络效应下市场自发地收敛，出现"赢家通吃，弱者出局"的局面。道路货物中间性组织形成的网络具有开放性，网络中的成员企业可以比较自由地进入或退出某个网络组织，甚至一个企业可以同时加入两个或两个以上的网络中。网络核心企业为了吸引更多的加盟企业，运输中间层之间也在进行竞争，因为假设市场参与者类型相同，且其数量是既定的，此时某些或所有参与者会同时加入多个网络，出现多重注册（Multihoming）现象。在竞争过程中由于存在网络效应，一些网络由于功能和网络信誉都无法与另一些网络相比，加入网络成员逐步减少，已加入的成员会逐渐向信誉好、功能完善的网络转移，一些功能弱的网络逐渐被功能强大的网络兼并，或者被市场淘汰，市场向功能完善的网络收敛，所以道路货物运输中间性网络组织逐渐会从多核心网络向单核心的垄断的网络组织发展。

4.6　本章小结

本章构建了道路货物运输中间性组织理论构架，包括道路货物运输中间性组织成因、中间性组织构成、中间性组织结构及中间性组织的网络效应。道路货物运输中间性组织是在考虑同时利用外部市场利益优势和内部组织控制成本优势时的一种效率最高的治理模式。道路货物运输中间性组织是由网络节点企业、网络连接纽带、网络运行机制构成的，网络节点企业具有信息处理和决策能力，提供给中间性组织的是资源和技术，对信息加工处理能力和对中间性组织网络贡献大小决定了其在网络中的地位和作用。中间性组织并不是不同节点企业的简单叠加，而是通过信息沟通和相互作用的路径将节点企业联系起来的网络构架。完善的网络运行机制能够对节点企业的行为进行有效的协调、约束与激励，使网络组织处于良好的运行状态。

中间性组织是由企业间分工而结成的网络，因而中间性组织的组织结构就是网络组织结构模式。根据网络中成员之间的关系可将中间性组织分为无核心网络、单核心网络和多核心网络，无核心网络中成员企业地位上是平等的，任何一个企业都无法支配网络内的全部资源。有核心网络根据核心企业数量分为单核心网络和多核心网络，网络中核心企业利用其所掌握的资源和信息，对网络中其他成员企业具有较强的控制能力，非核心企业对资源、信息的不对称性越高，核心企业在网络中的地位越重要。由于道路货物运输具有供需分散的特点，中间性组织中的核心企业具有作为运输供需双方的中间层职能，进行运输价格的制定，进行集中交易，通过创造更加有效率的市场交换来成功地降低交易成本。道路货物运输网络结构模式是以运输中间层为核心形成的中心——外围的组织形式，是以任务为导向的一种合作运转方式，一次运输任务完成后参与完成此任务的企业重新回到网络中，这些企业在网络的关系是建立在信用基础上长期合作的动态联盟关系。

网络经济具有网络效应，在网络效应作用下，道路货物运输中间性组织结构从多核心网络向单核心网络收敛。

第5章　道路货物运输中间性组织模式

本章应用道路货物运输中间性组织理论分析道路货物运输组织模式，分析道路货物运输中间性组织中节点企业、网络连接及网络结构。并且根据产品、资源、网络不同发展及组合形成的功能维度、形式维度、运作维度三个不同表现形式，划分了道路货物运输组织结构的发展阶段。

5.1　完整运输产品

由于运输业是一个生产多产品的产业，不同运输货物种类、不同运输起止地点、不同时间维度的每一特定货物位移都是不同的运输产品。运输需求市场已经越来越倾向于选择拥有完整运输产品链条的运输服务过程。

5.1.1　产品生产流程

道路货物运输产品的生产过程也叫运输作业流程，是指一件最终运输产品是由一系列独立作业共同完成的，每一次独立操作完成一个中间产品或者称之为半成品生产，上一个作业生产的产品是下一个作业的投入品，作业与作业之间相互连接形成一个完整的运输作业流程。由于道路货物运输的生产是利用车辆、装卸设备、场站设施等将货物从始发地运输到目的地的全过程，其作业流程是一个多环节、多工种的联合作业系统。另外，道路货物运输生产不仅是货源组织、货物运送、中转组织、货物配送的过程，还向供应链管理的全过程发展。道路货物运输每一个作业流程是一个价值增值的过程，根据各个作业在道路货物运输价值增值中的作用不同，可以将道路货物运输生产经营中创造价值和产生成本的各个作业活动分解成运输准备过程、运输基本生产过程、运输结束过程，如图 5-1 所示。

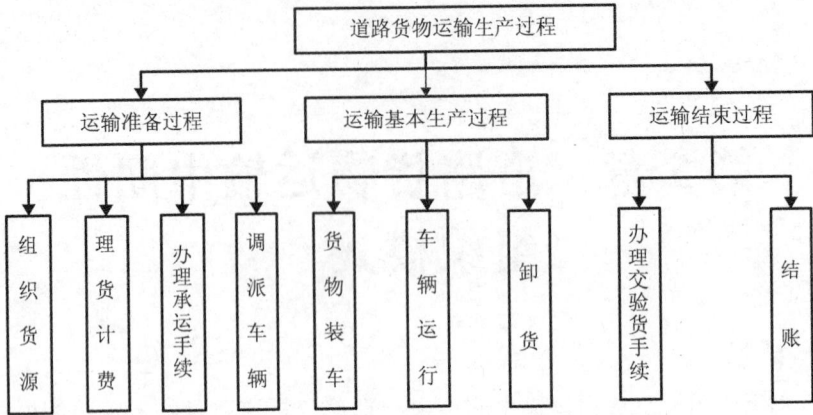

图 5-1　道路货物运输生产过程

由图 5-1 可见，一个典型的道路货物运输过程包括组织货源、谈判并签订协议、组织接货、配货、实施运输、组织卸货、保管、送货上门、办理结算、办理交接手续等环节。随着市场容量的扩大，每一个作业环节可以进一步分成更具体的操作，如货源组织分为货源信息的收集、收货、组货；货物运输可以根据运输产品种类分成普通货物运输、危险品运输等，或者根据到达区域分成华南货物运输、华东货物运输等；根据运输合同规模类型分成零星货物运输、协议货物运输等；也可以对运输过程进行纵向分解，如货物入库的操作可以进一步分为卸货、分拣、理货等。随着分工的进一步深化和产品的多样化，由多个作业流程分别完成的多件最终产品的生产过程可能发生进一步的合并或者再分工，形成一个更加集约化作业组织过程。

5.1.2　产品生产方式

道路货物运输生产组织有两种基本方式：整车运输和零担运输。

5.1.2.1　整车运输生产方式

整车运输经营一般由货物承运人直接到货源地装货，并且直接将货物交付给收货人。作业过程为一次装卸，不需经过货运场站中转，[①] 如图 5-

---

① 整车运输：1996 年《道路零担货物管理办法》中规定托运人一次托运的货物计费重量在 3 吨（含 3 吨）以上，或虽不足 3 吨，但其性质、体积、形状需要一辆 3 吨以上汽车运输的，均为整车运输。整车运输通常是一车一张货票、一个发运人。

2 所示。整车运输生产方式生产流程简单,从受理托运,到装车、起运、卸车交货,一般只要拥有一辆汽车运输就可以完成整个运输过程。普通整车运输对生产设备的要求不高,不需要进行货运站装卸分拣作业,不需要具备运输场站、仓库等基础设施,对装卸、包装、调度、管理等技术设备也没有要求,没有固定线路和网络。但是特种货物运输,如超限运输、危险品运输、冷藏运输等对生产设备要求很高,也会有固定运输线路及网络。由于普通整车运输对生产力要素的要求低,如果企业规模过大,反而会在寻找货源、信息传递、运输调度、生产监督控制等方面难以管理,带来消极影响,一般由分散的小型运输企业甚至个体户来完成。

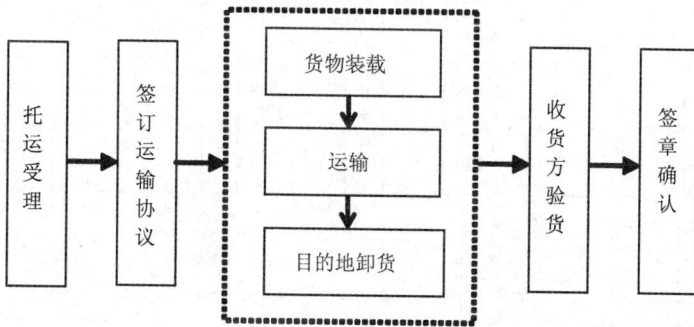

图 5 - 2 整车货物运输生产过程

5.1.2.2 零担运输生产方式

采取零担运输形式是因为托运一批次货物数量较少,不能装满一辆车,由承运人安排和其他托运人货物拼装后进行运输。[①] 零担货物运输生

---

① 1996 年《道路零担货物管理办法》对零担运输的定义是:托运人一次托运货物计费重量不足 3 吨的为零担运输,或者托运货物在 3 吨以上,但是按零担货物方式受理也认为是零担货物运输。其中按件托运的零担货物,单件体积不得小于 0.01 立方米,不得大于 1.5 立方米;单件重量不得超过 200 公斤;货物的长、宽、高分别不得超过 3.5 米、1.5 米和 1.3 米。这样规定是为了便于拼装多个托运人交运的货物。各类危险、易破损、易污染和鲜活等货物,除另有规定和有条件办理的以外,不办理零担运输。零担货物运输主要包括零担货物的受理、仓储、运输、中转、装卸交付等过程。零担运输的经营方式可采用定线定点、定班运输形式或定线、定点、不定班运输形式。零担货运按经营区域分为:县(市)内、地(市)内、省内、省际和国际零担货运;按送达速度分为:普通零担货运、快件零担货运、特快转运零担货运;按送达方式分为:直达零担运输、中转零担运输和沿途零担运输等形式。

产方式与整车货物运输生产方式不同，整车运输通常在一个运程内在托运人货物所在地（如工厂、批发商店）或在货运场站装货后直接运往接货人目的地卸货，不经过中间的装卸环节。而零担货物运输要经过中间集散，需要按规定线路运行。其作业流程一般包括：通过取送货物的小吨位车辆集货运输集中被托运的货物，将集中起来的货物在货运场站集结、配载、装入城际间干线运输车辆，在中间转运站将干线运输的货物分类集结，与其他线路在中间转运站转运的货物，或者直接在中间转运站托运的货物一起重新进行配载，然后进行城际间载运，在目的地场站卸载，由取送货物的小吨位输货车辆交付给收货人。整个流程如图 5 - 3 所示。

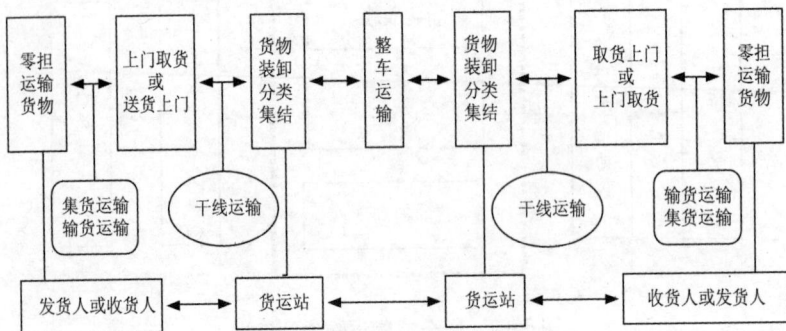

图 5 - 3　零担运输生产过程

零担运输的组织方式中货物从托运人到收货人至少经过三段运输，中间经历了在中转仓库卸载、集结并重新拼装的交接过程，延长了货物运输的生产链条，生产过程分别由不同的车辆完成，改变了整车运输的流程。零担运输具有规模经济效益，大规模集约的作业组织方式有利于实现运输工具、场站的综合利用，也隐含了业务进一步分拆的可能和组织结构的相应变化。普通整车运输和零担运输的对比分析如表 5 - 1 所示。

表 5 – 1　普通整车运输和零担运输对比分析

<table>
<tr><td rowspan="2" colspan="2">比较项目</td><td colspan="2">货物运输生产方式</td></tr>
<tr><td>整车运输</td><td>零担运输</td></tr>
<tr><td rowspan="6">技术经济特性</td><td>成本结构</td><td>固定成本比例小（10%左右）</td><td>固定成本比例大（30%左右）</td></tr>
<tr><td>资产专用性</td><td>低</td><td>高</td></tr>
<tr><td>运输产品差异</td><td>产品无差异</td><td>产品有差异</td></tr>
<tr><td>生产组织过程</td><td>生产组织过程简单</td><td>生产组织过程复杂</td></tr>
<tr><td>运输对象</td><td>散货、大批量</td><td>小批量</td></tr>
<tr><td>内部规模经济</td><td>不存在内部规模经济</td><td>具有规模经济效益</td></tr>
<tr><td rowspan="5">市场结构特性</td><td>进入壁垒</td><td>低</td><td>高</td></tr>
<tr><td>退出壁垒</td><td>沉没成本大，退出难</td><td>沉没成本大，退出难</td></tr>
<tr><td>运输组织</td><td>大、中、小型企业或个体经营户</td><td>网络化组织、集约化生产</td></tr>
<tr><td>企业间分工</td><td>企业间分工合作性差</td><td>企业间分工合作密切</td></tr>
</table>

资料来源：马银波：《中国道路货运市场结构优化途径与对策》，《长安大学学报》（社会科学版）2006 年第 1 期，第 10 ~ 14 页。

5.1.3　完整运输产品属性

完整运输产品最基本的意义，是指根据客户需要从起始地到最终目的地的位移服务，没有把货物送到终极目的地，运输服务就没有完成。随着经济发展，运输市场和所有其他市场一样都在经历显著变化，完整运输产品的内涵不断发生变化。欧国立（2004）对运输产品的性质进行了讨论，认为运输产品的内涵具有多样性和复杂性，传统上对于运输产品的解释更多的是关注运输的空间位移。但是随着运输业的发展，衡量运输产品的优劣已经越来越多地倾向于它的时间效用。所以，运输产品的效用是二元的，即空间效用和时间效用。空间效用反映运输在跨越空间障碍，克服距离因素方面的作用和能力；时间效用则反映运输克服空间障碍需要支付的时间代价。

社会、经济发展对货物运输质量的要求不断提高，不但在与货物位移核心功能相关的安全、方便、快捷、经济、可靠、完整性和损害赔偿等方面的要求越来越严格，还增加了更多附加服务功能的需要。欧国立（2005）提出了整体运输产品概念，整体运输产品由核心产品、形式产品和扩大产品三部分构成。其中，核心产品是运输产品的核心利益与效用，指运输满足货物空间位移的要求；形式产品是能直观感受到的，如运输企业的品牌和标识、场站设施和环境、货物载体的技术性能和外观等；扩大产品是运输产品购买者应该得到的其他附加服务，如信息服务、服务承诺（安全、及时、迅速运输）、延伸服务（代收货款、票据抵押）等。据此，可将完整运输产品分为三个层次，如图 5 - 4 所示。

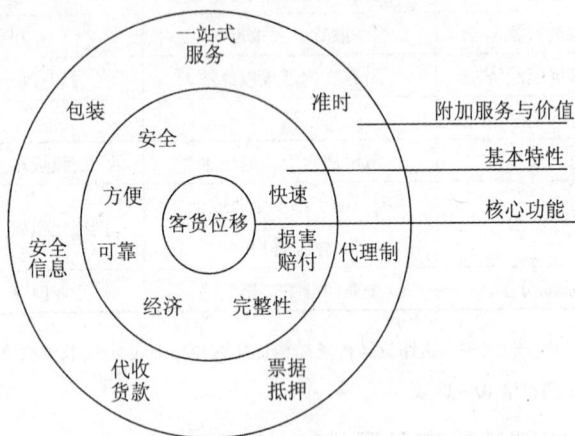

图 5 - 4　完整运输产品分层

为了适应不断变化的运输需求，目前完整运输产品的概念已经从运输的时间、空间进一步发展到包括更高的发送频率、代理制、一站式电话或网上委托、途中信息查询、适时配送、仓储服务、代收货款、风险担保与单据抵押、迅速赔付、运输策划等项目的综合性服务，形成一个完整的运输服务链条。根据现代物流发展的要求，荣朝和（2009）进一步将完整运输产品的概念延伸到物流服务，从更完整的意义上讲，完整运输产品应该是即时制（Just In Time, JIT），[①] 运输服务能够"在需要的时间和需要的

---

① JIT 运输、VMI 库存管理等都要求道路货物运输能够提供及时、安全、准时的精益运输，精益是质量、数量、个性服务水平的统一体。精益运输是"门到门"乃至"库到库"、"线到线"的完整运输产品，是以尽可能少的人力，以最快的速度创造出尽可能多的、满足顾客需求的价值，是集品牌优势、网络资源与服务于一体的物流运输。运输企业需要有一定的规模、拥有一个遍布全国的网络体系，才能顺利完成每一笔业务，才能满足精益运输要求。

地点进行所需要数量的活动"。① 全社会 JIT 效率的实现超越运输业自身的进步，是随着现代信息技术及现代物流和供应链的理念及组织相继应运而生的。过去很长一段时期货物运输都无法支持按照 JIT 方式组织大规模社会生产，而信息技术在运输领域的应用及交通工具的进步帮助人类逐渐改善这种能力。也就是说，货物运输业的发展实际上是不断满足和提升社会经济 JIT 效率的渐进过程。

不完整运输产品面对市场会增加运输成本，能否提供完整运输产品是运输企业之间竞争的基本内容之一。根据完整运输产品的本质属性，提供完整运输产品应该拥有完整运输服务链条，对于相应的承运人而言，从其负责的运输过程来看可以说是完整的，但是放到整个运输过程中就只是整个完整运输服务链条上的一部分。完整运输产品特性要求提供运输服务企业之间分工合作，通过合作形成完整的运输服务链条。

5.2　网络节点企业

完整运输产品需要生产链条上不同运输服务提供商之间分工合作，随着道路货物运输市场分工深化，运输企业的生产越来越专业化，根据运输企业在完整运输产品生产中的作用不同将其进行分类，网络组织各类型的节点企业间分工合作关系决定网络的结构形态。

5.2.1　网络节点企业类型

5.2.1.1　基本运输业务提供商和运输中间层

基本运输业务提供商指那些拥有运力资源只提供货物位移服务的厂商，具有规模小、管理和组织技术简单的特点，只能完成点对点的直达运输业务，主要指社会零散的运力。基本运输业务提供商可以直接与运输需求方进行交易，由于道路货物运输具有生产过程与消费过程同时性，市场分散性，运输生产过程还具有流动性特点，每家运输企业都面向千万家客

---

① 荣朝和：《重视基于交通运输资源的运输经济分析》，《北京交通大学学报》2006 年第 4 期，第 1～7 页。

户，每个客户都需要从千万家供应商中选择承运人。随着运输供求量不断增长，运输产品交易面越来越大，在这种背景下，为克服运输产品交易的信息障碍，为运输需求和供给交易提供中介服务的运输业务服务中间层出现。最初是小型货代，逐步发展到第三方物流企业，运输业务中间层的功能越来越完备，运输中间层的出现及专业化生产将运输市场的供给和需求的直接交易变成了间接交易，使得运输生产和交易进一步分工，如图5-5所示。

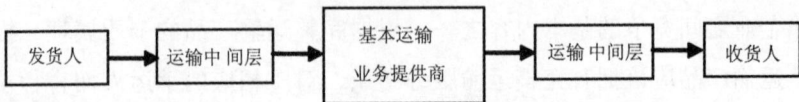

图5-5　运输中间层组织运输模式

5.2.1.2　运输中间层类型

由欧洲5个运输咨询机构和协会组织共同研究并于2003年提交的《货运集成商研究报告》，把目前运输市场上的运输提供商划分为"尚未向货运集成转变的企业"、"刚刚开始向货运集成转变的企业"、"已经向货运集成转变的企业"和"已经成熟的货运集成企业"。本书根据提供运输服务企业的服务范围不同，将运输中间层分为初级运输业务集成商和成熟运输业务集成商。初级运输业务集成商是指那些本身不做承运人，为运输服务需求方或供给方提供必要服务，协助运输交易和运输活动实现，完成运输业务初级复合的企业，主要是小型的货代或货运专线及中小型的物流企业；成熟运输业务集成商是通过整合运输资源为运输需求方提供一票制的"门到门"的运输服务，完成运输业务高级复合的企业。运输业务集成商可以拥有运输设施、设备，也可以不拥有任何运输工具，通过虚拟网络整合市场上大量零散的基本运输业务供应商，目前运输集成商包括货物运输代理人、货运经纪人、托运人协会、托运人代理、拼装公司、快递与专递公司、多式联运公司、第三方物流公司以及提供运输信息服务的企业等，如图5-6所示。

```
                              ┌──────────────────────────┐
                          ┌───│      物流信息平台服务企业      │
                   ▲    高级复合│  └──────────────────────────┘
                   │    运输    │   ┌──────────────────────────┐
                   │    业务   └───│        第三方物流企业        │
                              │   └──────────────────────────┘
         ┌─┐            ┌─────────────┐  ┌──────────────────────────┐
         │ │  业    初级复合运输业务  ├──│          快递企业          │
         │▲│  务              │       │  └──────────────────────────┘
         │ │  集              │       │   ┌──────────────────────────┐
         │ │  成              │      └───│          联运企业          │
         │ │  度    ┌──────────────────┐ └──────────────────────────┘
         │ │        │    基本运输业务    ├──│      基本运输业务供应商      │
         │ │        └──────────────────┘ └──────────────────────────┘
         │ │   ┌────────────────────────────┐ ┌──────────────────────────┐
         └─┘   │       交通运输基础设施         ├─│        基础设施运营企业        │
               └────────────────────────────┘ └──────────────────────────┘
```

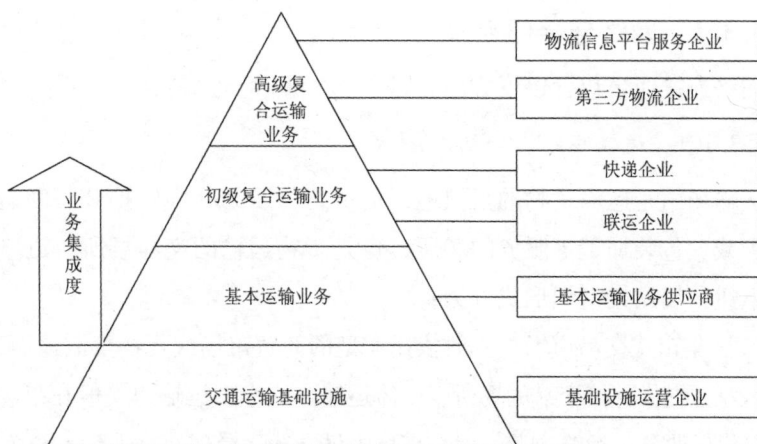

图 5-6　货物运输服务企业层次结构

5.2.2　网络节点企业关系

运输业网络各层次企业是否完善，每一层次是否有完善的管理机制，是影响运输供给效率的重要因素。假设所有运输需求者均匀分布在一个等边三角形网络的顶点上，运输需求者可以与基本运输服务商直接交易，也可以通过运输中间商交易。运输中间商可分层为全国性运输业务集成商、区域性运输业务集成商、地区性运输业务集成商。如果网络节点企业在各区域都有分布，运输需求者可以与所在地区运输业务集成商进行交易，再通过区域性、或者全国性的网络到达较远的地方。网络中各层次、各区域节点企业的增加能够减少交易伙伴之间的平均距离。各层次运输服务商在运输网络、节点作业具有明确的空间范围和位置，成熟运输业务集成商具有将这些具有空间尺度及时间特征的资源整合起来分工合作的能力，所以具有资源整合能力的运输集成商成为运输中间性组织的核心企业。

5.3　网络连接

道路货物运输生产过程完整性离不开各类基础设施和信息系统的连接，如果运输企业之间的合作网络是中间性网络组织的软连接纽带，那么运输资源系统就是道路货物运输网络组织的硬连接纽带。

5.3.1 网络连接纽带

网络连接纽带包含以下方面：

5.3.1.1 运输枢纽、场站设施

运输场站是运输货物的集散地，提供货物装卸、中转换装、联运、仓储、配载、包装加工等服务的场所，也是货物运输的交易场所。道路货物运输枢纽、场站按组织形式分为：

（1）集市式交易市场。一般依托大型的商贸市场或货物集散地而建立，为托运双方提供直接交易的场所。个体运输户或小型运输户一般在市场中直接承接货运业务，运输企业一般在市场中设立托运受理站点进行运输交易。

（2）货运交易站、所。为货物承运、托运双方提供可进行规范化货运交易活动的中介场所，一般有较完善的规章制度和交易程序，可实现区域性或更大范围的信息联网和货运代理业务，采用先进的信息平台发布运输信息，以便展开竞价交易。

（3）公用型货运站。为货物托运人和承运人提供系列化运输代理服务的场所，具有运输组织、转运、货物包装、中介代理、复杂服务等功能；规模大的货运站还具有仓储服务、信息服务、组织多式联运等功能，并承担零担货物的集运、仓储、理货、配货、装卸搬运、分拨、交付等业务。

（4）物流中心。随着货运业的发展和社会需求的变化，货运枢纽的功能逐渐向物流中心转变。其功能包括：运输组织功能，对进出车辆和货流的组织管理；中转和装卸储运功能，为货物的中转换装提供作业服务；中介代理服务，承担运输代理业务，为货主和承运双方提供选择最佳运输线路，合理组织多式联运，代办报关、保险和结算等运输代理服务、货运信息服务；辅助服务，为货主、承运方提供必要的生活服务。货运枢纽场站中心随着市场需求的变化，其功能逐渐融于物流供应链管理、JIT 运输、VMI 仓库管理。

2000 年以后，新型物流园区逐渐建立起来，成为道路货物组织的关键节点，道路货物运输的规模经济性主要体现在场站、物流园区等大型基础设施节点的规模效益。

5.3.1.2　运输信息平台

道路货物运输信息资源包括运力信息、货源信息、运输线路状况、仓储配送、包装、搬运装卸等与运输有关的信息。随着迂回生产链条的延伸，信息量大，信息的搜集、传递、处理、使用以及反馈等每一个环节都关系到货物能否快速、准确实现其运输需求。通过运输信息平台的建设来解决运输信息沟通不畅的问题，使有运输需求的企业可以将运输需求信息发布到信息共享的平台上，运输企业可以将自己不擅长或没有能力完成的运输任务通过信息平台临时委托给其他更具能力的企业来完成，同时，对于另外一些企业，则可以将自己的闲置运输资源信息发布到该平台上面。从宏观意义上来说，拥有一套运输信息系统，就可以开展运输服务，可以说信息系统比拥有车队和仓库更为重要。运输信息系统的发展也是一个伴随着物流的发展从简单到复杂的过程，从一开始简单的仓库管理系统 VMS、运输管理系统 TMS，到生产制造的企业资源 ERP，再到现在及时供应系统 JIT、供应链管理软件 SCM。每一种信息服务功能都是新的运输管理方法及管理思想的实现并运用于实际工作中。物流运输公共信息平台的构建能将运输信息整合起来统筹协调。物流运输公共信息平台的主要功能包括：信息服务功能、交易服务功能、保障服务功能、专业服务功能、托管服务功能等。如图 5 - 7 所示。

5.3.2　网络连接系统

道路货物运输资源根据其不同的职能可以形成不同的网络：①广泛布局的场站节点、配载点以及连接各节点之间干线交错的营运线路所构成的点线结合的运输基础设施网络，是运输基础设施之间的物理连接。②提供车源、货源、道路、运输场站节点等信息，是网络内各节点之间的各类信息有效衔接的信息网络。③运输中间层与基本运输服务提供企业之间所形成的动态联盟组织关系网络。固定场站设施、信息平台、运力和运输组织三者综合形成运输能力。它们构成了既相互交织又相互独立的物理网络形成的硬连接和虚拟组织网络形成的软连接，道路运输系统具有物流、运输工具流、信息流三位一体的特征，道路货物运输网络连接提高了运输市场的组织化程度。如图 5 - 8 所示。

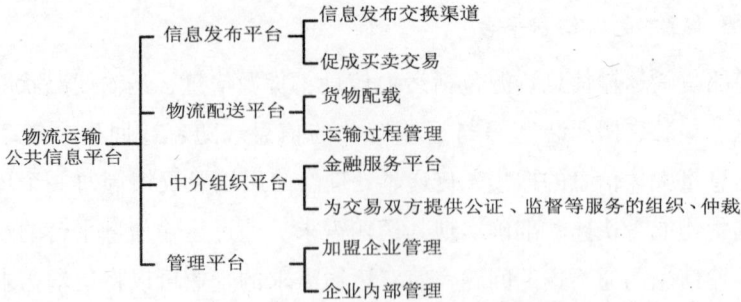

图5-7 物流运输信息平台功能划分

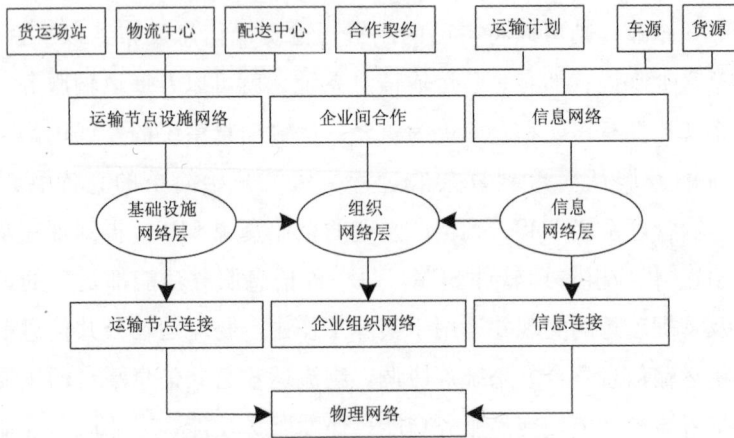

图5-8 道路货物运输网络连接系统构成

5.4 组织结构发展演变

产品（Product）、资源（Resource）、网络（Network）构成了运输业技术经济特征的经济学坐标系，道路货物运输业生产产品的完整性、生产过程中利用的运输基础设施和信息资源，以及生产中所形成的网络的不同表现，形成了道路货物运输的不同组织模式，产品、资源、网络的不同结合也体现了道路货物运输发展的不同阶段。

5.4.1 三维层面理论

欧国立（2008）提出了三维层面的综合运输分析框架，包括功能维度（Function Dimension）、形式维度（Form Dimension）和运作维度（Operation Dimension）三个层面，即FFO分析框架。功能维度是服务的范围和内容，形式维度包括各种运输方式之间的竞争合作，运作维度是一体化下交通资源的优化配置。将三维理论应用到道路货物运输中也形成三个维度，每个维度中都具体表现出产品、资源、网络的不同形态。

（1）功能维度。功能维度是道路货物运输企业提供的运输产品服务范围。不同运输企业服务网络范围不同，有地区性网络、区域性网络、全国性网络、国际性网络；不同运输企业提供的服务内容不同，有些提供运输、仓储、配送服务等，有些提供全国范围运输服务，有些只提供固定区域的运输服务，有些将运输链与供应链衔接起来。

（2）形式维度。形式维度是各类道路货物运输企业之间的合作方式。可以通过市场治理方式进行一次性临时合作，也可以通过纵向一体化方式通过企业兼并扩大规模，还可以通过企业之间的契约形成分工合作网络。

（3）运作维度。运作维度是道路货物运输利用物理网络形成空间布局，体现在各种运输资源的利用和配置。

这三个维度分别回答了经济学的"生产什么"、"用什么生产"、"怎样生产"问题，运输生产的资源和产品决定了道路货物运输的功能维度，说明道路货物运输"生产什么"；运输所利用的资源和网络决定了道路货物运输的形式维度，说明道路货物运输"用什么生产"；运输网络和所生产的产品决定了道路货物运输的运作维度，说明道路货物运输"怎样生产"。如图 5-9 所示。

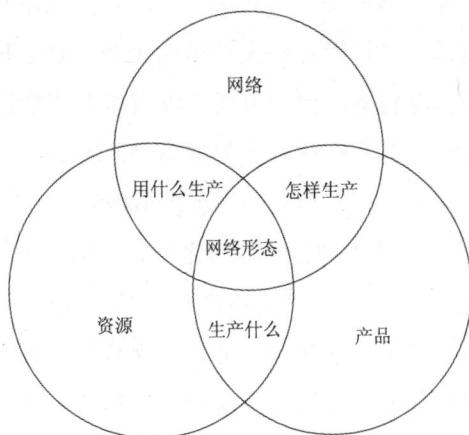

图 5-9　资源—产品—网络结构

5.4.2　组织结构发展阶段

道路货物运输在产品、资源、网络三个方面的技术经济特性，是认识道路货物运输的关键，也是研究这个领域的基础。对网络的利用程度决定着运输业的微观市场结构，道路货物运输对网络的利用程度大体可以分为三种情况：一是不利用网络的运输，如单车直达运输；二是只能在某一个侧面有限利用网络的运输活动；三是比较充分利用网络的运输，如第三方物流公司。根据三个维度将道路货物运输组织发展分为三个阶段，如图5 - 10 所示。

（1）初级阶段。道路货物运输网络化组织程度低，从功能维度上看，只能提供局域的运输服务，运输服务产品单一，以整车运输为主；从形式维度上看，基本没有企业间的合作网络；从运作维度上看，单车分散经营。运输市场供给企业众多，运输需求方直接面对运输市场寻找运力，或通过运输专线等小型运输中间层形成的分散的组织寻找货源，运输市场供需直接交易。运输中间层服务的网络范围小，提供的运输服务单一，运输场站等有形运输市场发展落后。此阶段是无核心的网络组织结构。

（2）中级阶段。第三方物流企业、物流园区等现代物流经营企业逐渐出现并迅速发展，信息技术应用到运输领域。从功能维度看，服务范围逐步从地区性向区域性、全国性发展；从形式维度看，运输物理网络和组织网络初步形成，出现了一些较大型的运输企业和物流公司，吸引部分运输服务企业加入其运输网络系统中；从运作维度看，利用基础设施网络进行多地点经营。运输需求方可以寻找大型运输企业、货运代理企业、第三方物流公司委托完成运输任务，但是市场中没有培育出能够将各类运输资源整合起来的市场主体，各类运输服务集成商之间互相竞争，此阶段形成以不同的运输中间层为核心的多核心网络组织结构。

（3）高级阶段。道路货物运输集约化发展阶段，多种多样的货物运输提供商进行更深层次的整合，货运市场出现成熟运输业务集成商，发货人、收货人和承运人能进行更好的沟通，实现合理运输，能够对运输资源跨区域整合，服务网络遍及全国甚至全球。一些货运代理、物流企业及大量分散运力与成熟运输业务集成商形成联盟，加入其网络中。运输需求方将运输任务外包给成熟运输业务集成商，由成熟运输集成商根据其整合的

运输资源合理安排运输任务，通过集中化运输生产实现运输效率的最大
化。此阶段在有限局域网络形成单核心的网络化组织模式。

初级阶段：客户直接面对运输市场

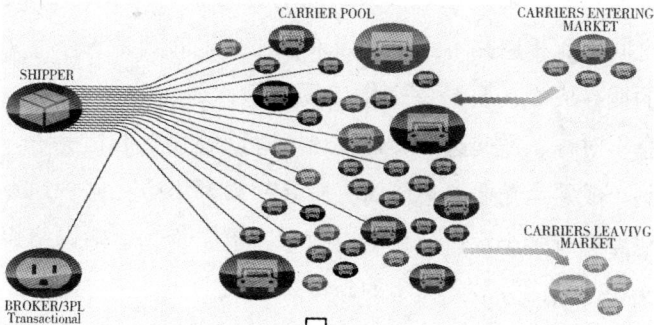

中级阶段：客户利用核心运输企业组织货物运输

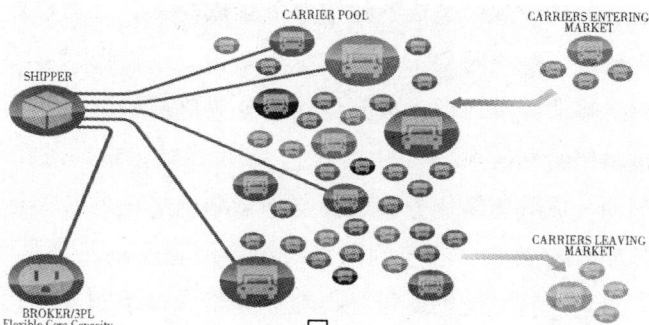

高级阶段：客户外包模式

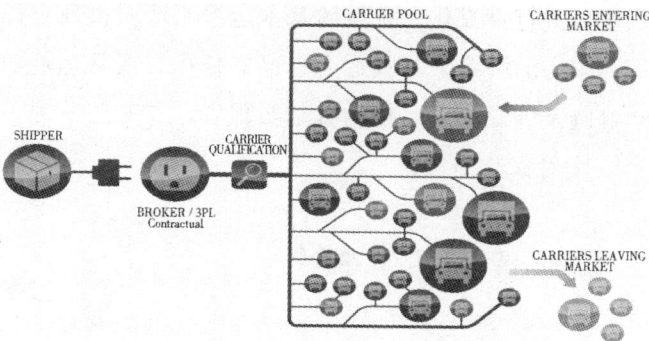

图 5-10　道路货物运输网络组织结构发展阶段

从图 5-10 可以看出，在信息不完备、有限理性和存在着较为普遍的机会主义的现实市场上，发现价格或运用价格机制经常是非常昂贵的活动，并且普遍存在不确定性。如果市场上有为数不多的进行交易的主体，交易主体之间彼此相遇并不困难，如果存在大量的交易主体，交易双方都存在大量的搜寻成本，要具备完全市场信息，那是一个无法实现的难题。在治理信息不对称、逆向选择、道德风险等问题存在的情况下，企业间分工受到限制。成熟运输业务集成商将所有交易都集中在同一地点进行要比分散在多地点进行多个双边交易更有效率，道路货物运输网络组织发展的趋势也是交易逐渐由分散到集中的趋势。

道路货物运输组织结构从初级阶段、到中级阶段再到高级阶段的发展过程，也是在网络效应作用下网络之间竞争的结果。道路货物运输中间性组织发展的高级阶段是成熟运输业务集成商将各类运输业务服务商整合起来，形成了企业间分工合作的组织结构。运输需求者将运输任务外包给成熟运输业务集成商，成熟运输业务集成商将分散的交易集中起来，成为运输供给和需求之间的中间层，制定运输价格、完成运输交易、安排运输活动。成熟运输业务集成商与加盟到网络中的各类运输服务企业之间是长期合作关系，参与到网络组织中的企业虽然都是相互独立，具有自主、自治、自立能力，但是运输业务集成商承担安排运输、制定网络合作制度的责任，它不仅要安排恰当的交易，还要组织生产过程，它对加盟到网络中的企业具有命令、指挥、监督的权力，对运输链条上的各环节的服务进行集成化。分散的基本运输服务提供商在以成熟运输业务集成商为核心的网络中寻找适合自己的任务，成熟运输业务集成商成为完整运输链条的设计者、推动者和实现者，在有些情况下也成为这些链条的实际控制者。

5.5 组织模式具体表现

道路货物运输中间性组织发展的高级阶段形成以成熟运输业务集成商为核心的单核心网络组织，能够整合道路货物运输资源的成熟运输业务集成商主要有三类：大型第三方物流企业、公共信息平台运营商、物流园区运营商，三种不同运输业务集成商整合资源的方式不同，但是都可实现分工网络化和交易集中化，通过集中交易降低交易成本和生产成本，提高资源利用效率。

5.5.1 第三方物流企业生产链模式

众多的各类运输企业、货运代理加盟到大型物流企业网络，形成中卫式结构。这种组织方式的核心是各类运输企业积极参与到大型物流企业的生产价值链中，在价值链中寻找合适的业务，如配送运输、整车干线运输、特种运输等，争取大企业的二次外包。大型第三方物流企业的竞争优势是以较强的实体设施设备和技术做支持，组织和实施能力强，品牌知名度高，企业信誉好，具有稳定的货源关系。如图 5 – 11 所示。

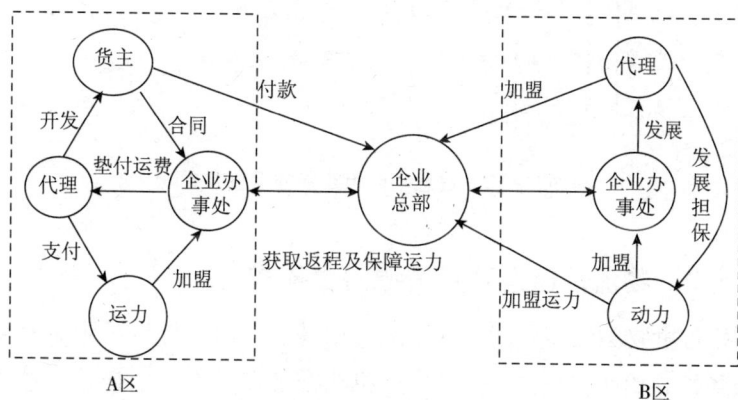

图 5 – 11 第三方物流企业生产链模式

5.5.2 信息平台运营商信息整合模式

物流运输信息平台是指基于计算机通信网络技术，提供物流信息、技术、设备等资源共享服务的信息平台，面向社会用户提供运输信息服务、管理服务、技术服务和交易服务，能够整合供应链各环节物流信息、物流监管、物流技术和设备等资源。信息平台运营商通过自身的信息平台整合了大批货代，通过区域代理发展客户，信息平台运营商的品牌优势，吸引众多的车代、货代以它的名义承揽货物，形成稳定的货代联盟，借此间接获取客户资源和运力资源，并且采用紧密型挂靠车辆的管理办法控制车辆资源，以其自身的 IT 实力和资金垫付实力保证业务的正常运转，以批量和整车货物运输为主。信息平台和零担专线的合作模式，是物流运输公共信息平台发展的主要模式，形成基于因特网货运平台技术下的全国范围货代整合，并进一步形成运输资源整合，如图 5 – 12 所示。

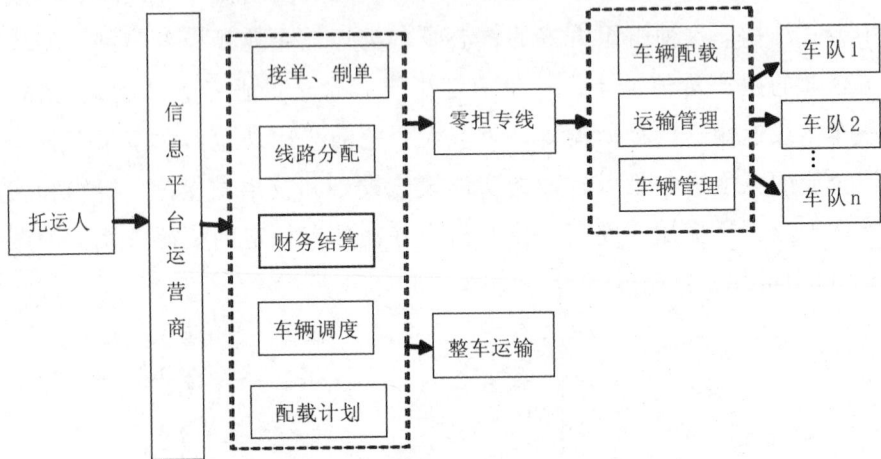

图 5 – 12　信息平台组织货物运输方式

5.5.3　物流园区运营商资源整合模式

网络型货物运输需要固定场站进行中转、存放，外地车辆需要场站的配套服务并寻找回程货源，信息中介机构需要场站作为依托开展业务，不同类型的承运人需要充分利用场站资源，使车辆往返顺畅，货运作业便捷。专门提供具有综合服务功能的物流园区逐渐吸引各类运输企业进驻，在进驻园区的企业中，除了货代、运输企业以外，还有一些中小型物流企业。物流园区是大量货源和货运信息的聚集地，为众多独立分散的个体运力进行共同配送创造了良好的条件。物流园区配备了必要的仓储设施，可以作为物流企业尤其是从事快件运输的物流企业的运作平台，物流企业进驻园区后，园区将成为为企业招揽客户的窗口。分布于园区内部的各种货运代理企业、信息中介机构、配货点等独立经营，都具有各自的客户群体，但是由于各企业规模比较小，功能结构相对比较单一，缺乏一体化观念与合作意识，抗风险能力弱，市场信誉和可靠程度难以保障，物流园区的经营者通过信息平台对加盟的企业进行统一管理，实现信息互通和业务互补，形成虚拟企业联盟。

道路货物运输资源的优化配置需要网络连接纽带能够任意连接形成网状结构。物流园区是连接众多货运组织集散的中枢，各类物流企业、运输企业、各种道路货物运输经营网点、场站节点要与本地区的物流园区进行衔接。不同区域的任意节点是互相开放的，使不同层次的节点实现网络化运作，而随着功能完备的物流园区的发展，网络各节点更多的是通过各区域分布的物流园区进行连接的。如图 5 – 13 所示。

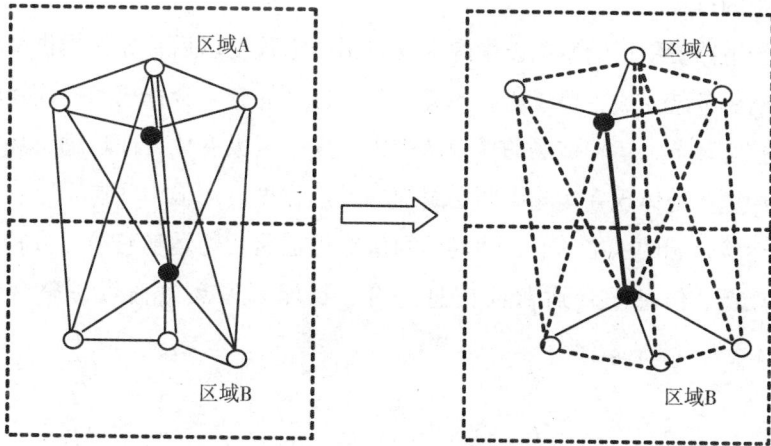

图 5 – 13 物流园区运营商形成的网络连接

5.6 本章小结

道路货物运输生产流程的生产组织方式有整车运输和零担运输两种，完整运输产品的特性不仅是运输生产从起始地到最终目的地的位移服务，还是一个完整的运输服务链条。根据运输企业在完整运输产品生产中的作用不同将其分为基本运输业务提供商、初级运输业务集成商和高级运输业务集成商，网络中业务覆盖范围从地区、区域直至全国的各层次企业是否完善，是影响运输供给效率的重要因素。完整运输产品生产需要将各类道路货物运输资源整合起来，运输基础设施、信息成为道路货物运输中间性组织的连接纽带，基础设施网络、信息网络、企业组织网络构成了道路货物运输网络连接系统。

　　道路货物运输网络覆盖的空间范围不断扩张，几何分形结构也不断发生变化，网络所提供的服务种类和级别逐渐提升，根据产品、资源、网络不同发展及组合形成道路货物运输组织的功能维度、形式维度、运作维度三个维度的不同表现形式，道路货物运输组织结构相应经历了从低级阶段、中级阶段到高级阶段的发展过程，道路货物运输组织结构的发展过程体现了网络效应下，中间性组织从无核心网络组织到多核心网路组织，再到有限局域内单核心网络组织的发展过程，也是道路货物运输交易从分散到集中的过程。

　　当道路货物运输基础设施网络发展到一定程度以后，如何提供高效率的运营服务就变成主要矛盾，各类企业间良好的分工合作成为提高运输服务的核心环节，运输市场的微观结构正在发生巨大变化，而运输市场的成熟已经更多地体现在运输中间层组织的发达程度，运输中间层是整合道路货物运输资源的网络核心，运输中间层组织道路货物运输有第三方物流企业生产链、信息平台运营商信息整合、物流园区运营商资源整合三种模式。

第 6 章　道路货物运输中间性组织效益

　　资源配置方式既可以通过供需双方直接交换的分散交易过程来进行，也可以通过中间层的集中交易来进行，或者由两者的某种组合来进行。这些交换制度或方式被称为市场的微观结构（斯帕尔伯，1998）。道路货物运输中间性组织结构发展到高级阶段形成以成熟运输业务集成商为核心的网络组织结构，成熟运输业务集成商是运输需求方和分散的运力之间的中间层，运输供需双方通过运输中间层进行集中交易。在进行完整运输产品生产过程中，成熟运输业务集成商在恰当的时间、空间，配置恰当的生产性资源，以确保生产活动实现时、空、物的耦合，使得运输服务提供者之间具有纵向的生产协作关系。以成熟运输集成商为核心的中间性组织集中交易提高交易效率，具有产业集聚的规模效益和合作生产的时空效应。

6.1　集中交易效率分析

　　道路货物运输通过中间性组织网络核心企业的集中交易，比分散的交易更有优势。因为市场的交易效率受谈判成本、搜寻的时间成本以及买卖双方信息不对称的程度影响，随着市场交易量的增加，由买卖双方直接交易所需要的成本往往非常高，通过集中交易减少搜寻和讨价还价的成本，减少机会主义行为和道德风险，促使买卖双方做出可信的承诺。道路货物运输交易效率依赖于网络组织核心的运输中间层所创造的交换制度的成本与收益的对比。

6.1.1 市场定价分析

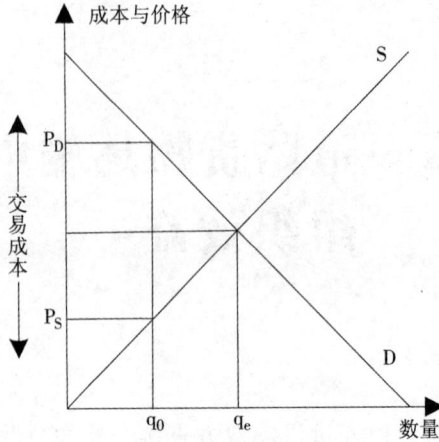

图6-1　道路货物运输供需双方直接
交易的市场均衡

中间性组织中的核心企业作为中间层通过选择价格来减少运输市场逆向选择的成本。由于运输需求方有不同的支付意愿，而运输供给方有不同的机会成本，一些运输承运人基于竞争货源的目的，采取非理性的降价策略，使得托运人很难掌握市场运价的真实行情，由于支付意愿和机会成本的信息不对称造成了交易的扭曲，甚至导致交易的破裂。运输中间层向有运输需求的生产和零售企业制定运输要价，再向加盟到网络中的运输企业出价，要价和出价差就是运输中间层利润。运输中间层制定并公布价格可以消除市场价格的不确定性，是市场机制正常发挥作用的途径。

道路货物运输中间层进入运输市场，打破了供给和需求直接交易的市场交易方式，产生了运输需求方、运输中间层、基本运输服务提供方（运力）的另外一个市场均衡。如图6-1所示。

在瓦尔拉斯一般均衡模型中，瓦尔拉斯的市场价格 p^W 等于向上抛的供给曲线 $X = S(p)$ 和向下抛的需求曲线 $Q = D(p)$ 的交点：

$$Q^W = D(p^W) = S(p^W)$$

如果市场中有两个以上消费者类型，那么复杂性就会大大增加，因为消费者必须与许多交易伙伴进行交易以实现瓦尔拉斯均衡。如果寻求交易伙伴的困难和谈判的成本导致分散交易的代价非常高，那么运输中间层集中交易的潜在优势就显现出来了。

运输中间层的要价 p 出价 w，假设供求函数为两次可微的，需求和供给函数的弹性为正：$\eta(p) = \dfrac{-pD'(p)}{D(p)}$

以及 $\xi(w) = \dfrac{wS'(w)}{S(w)}$。

假设中间层的收入是凹函数：

$$p''(q)\,Q + 2p'(q) < 0 \tag{6-1}$$

令 $W(X) = S^{-1}(X)$ 为供给反函数并假定中间层的要素成本函数是投入品的凸函数：

$$W''(X)\,X + 2W'(X) > 0 \tag{6-2}$$

中间层的利润函数为：

$$\prod(p, w) = pD(p) - wS(w) \tag{6-3}$$

中间层选择要价 p 和出价 w 以使 $D(p) \leqslant S(w)$ 条件下的利润最大化。所以中间层总是选择能够使严格遵守供给约束的要价和出价。

中间层利润最大化问题的一阶条件可以得出：

$$p - w = \frac{p}{\eta(p)} + \frac{w}{\xi(w)} \tag{6-4}$$

中间层的利润为：

$$\prod(p, w) = (p - w)\,q \tag{6-5}$$

利润等于出价—要价的差乘以销售额。

中间层的要价和出价分别高于和低于瓦尔拉斯价格

$$p > p^w > w \tag{6-6}$$

中间层的产量低于瓦尔拉斯产量

$$q < q^w \tag{6-7}$$

图 6-2 显示了中间层的最优要价和出价。

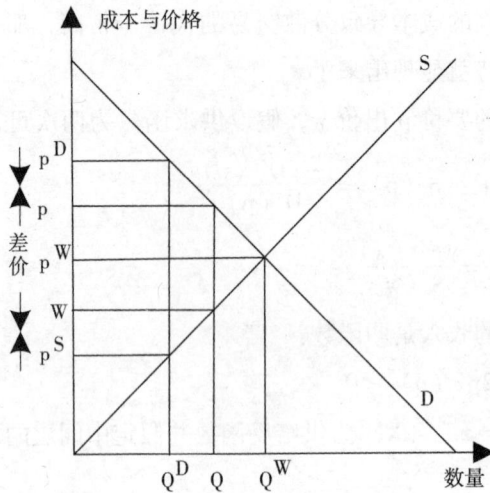

图6-2 由中间层进行交易的市场均衡

6.1.2 交易成本分析

道路货物运输供、需双方无论直接交易还是通过运输中间层间接交易都有交易成本，假设直接交易给运输需求方带来的价值为 V^D，运输供给方承担的机会主义成本 C^D，交易成本 T^D 由运输供需双方分担。由运输中间层完成交易给供需双方带来的价值为 V^I，运输供给方承担的机会主义成本为 C^I，总的交易成本为 T^I，交易成本由运输需求方、供给方、中间层共同承担。如果 $V^D - C^D - T^D < V^I - C^I - T^I$，由中间层交易就能提高净收益。如果两种类型的交易带来的收益是相同的，$V^I - C^I = V^D - C^D$，由于中间层交易成本低，$T^I < T^D$，运输产品的交易就应该由中间层来完成。如果直接交易和经由中间层间接交易的交易成本相同，$T^I = T^D$，那么只有在能够提高交易净收益的条件下有中间层的交易才能发生：$V^D - C^D < V^I - C^I$。为什么中间层的交易能创造更高的净收益？

6.1.2.1 运输供需双方最优投资

运输中间层组织道路货物运输的理由归结，由于中间层操作的市场交易可以节约交易成本，其效益评价模型如下。假设：

（1）运输需求方和运输供给方各自做出了交易的专用性投资，令 A_1 表示运输需求方投资，A_2 表示运输供给方投资，运输供需双方都不能收回投资。运输需求方通过交易获得的价值 $V(A_1)$ 是其投资水平的递增和凹函数，运输的生产成本 $C(A_2)$ 是其投资水平的递减和凸函数。

（2）交易的专用性投资不为其他当事人所观察到，或虽然可以被观察到但仍然不能收回。最优的联合投资公式为 $W(A_1, A_2) = V(A_1) - A_1 - C(A_2) - A_2$。最优投资水平的点可以通过以下式子得出：

$$V'(A_1^*) = 1$$
$$-C'(A_2^*) = 1 \tag{6-8}$$

运输供需双方在交易之前必须决定是直接交易还是通过中间组织来交易，如果运输供需双方直接交易，他们可在投资之前进行私下交付，其博弈过程如下：

阶段 0：运输中间层提出一个有约束力的要价 p 和出价 w。

阶段 1：运输供需双方决定直接交易还是通过运输中间层交易。

阶段 2：运输供需双方做出交易专用性投资选择。

阶段 3：如果运输供需双方选择了与运输中间层交易，那么分别以价格 p 和 w 成交。如果双方选择了直接交易，那么他们就以转让价格 w^0 进行交易。

如果运输供需双方选择以价格 p 和 w 与运输中间层交易，那么他们的专用性投资水平满足效率条件式（6-8），即投资水平为 A_2^* 和 A_2^*。

如果运输供需双方直接交易，由于存在有限理性，他们无法在交易的价格上达成有约束力的协议。所以在阶段 2 做出投资后，在阶段 3 就交易的条件进行讨价还价。假定收益按照纳什谈判解进行划分，运输的价格 w^0 可以从下面式子得出：

$$\max_w \left[V(A_1) - w \right] \left[w - C(A_2) \right] \tag{6-9}$$

运输供需双方将交易的收益进行均分，阶段 3 的成交价格为：

$$w^0 = w^0(A_1, A_2) = \frac{V(A_1) + C(A_2)}{2} \tag{6-10}$$

因为预料到这个结果，所以运输供需双方都会在阶段 2 选择非合作投资水平 A_1^0 和 A_2^0，运输需求方将选择交易专用的投资 A_1 使式 6-11 最大化：

$$V = V(A_1) - A_1 - w^0(A_1, A_2^0) \tag{6-11}$$

运输供给方将选择交易专用的投资 A_2 使下面的式子最大化：

$$R = w^0 \ (A_1^0, \ A_2) \ - C \ (A_2) \ - A_2 \tag{6-12}$$

均衡价格是 $w^0 = w^0 \ (A_1^0, \ A_2^0)$。投资的均衡水平可以由下面式子得出：

$$V' \ (A_1^0) \ = 1$$

$$-\frac{C' \ (A_2^0)}{2} = 2 \tag{6-13}$$

显然 $A_1^0 < A_1^*$，$A_2^0 < A_2^*$，由于机会主义的影响，运输供需双方都投资不足。如果通过运输中间层交易，因为运输供需双方在做出投资之前可以进行直接交易，所以中间层不会独吞交易的全部剩余，在这种情况下运输供需双方与运输中间层交易至少与直接交易的结局是一样好的。为了使利润最大化，中间层要选择价格，使运输供需双方直接交易和通过中间层交易之间至少没有感到差别。

$$p^* = \ [V \ (A_1^*) \ - A_1^*] \ - \ [V \ (A_1^0 - A_1^0 - w^0)] \tag{6-14}$$

$$w^* = \ [C \ (A_2^0) \ + A_2^*] \ [w^0 - C \ (A_2^0) \ - A_2^0] \tag{6-15}$$

运输中间层的均衡利润 $P^* - W^*$ 正好等于因为交易的专用性投资更有效率产生的交易收益。中间层的标价不仅能够出清市场和配置资源，还解决了直接交易中可能出现的议价承诺问题。由于运输中间层的利润受到运输供需直接交易的限制，所以只要运输中间层的成本不超过直接交易的收益 $P^* - W^*$，由运输中间层交易就比直接交易有优势，运输供需双方会选择与运输中间层交易而不是直接交易。

运输中间层除了协调交易外，还要发现交易的条件，为运输的供给方和需求方设计机制以便使各自都能表露出支付意愿和机会成本。运输中间层选择和调整价格是有一个过程的，要收集和处理信息及评价运输供需双方的反应。运输中间层的标价可以降低当事人搜寻成本，提供了创造市场形成的服务，因而可以降低交易成本。

6.1.2.2　交易次数、交易集中与交易效率

集聚经济是由分工的网络效应与交易在地理上的集中效应相互作用产生的。在专业化分工模型中，分工是交易效率的函数，分工与交易次数正相关，用交易次数代替分工水平，得出以下模型：

$$n = m + 1 - \frac{1}{A} - \frac{m}{lnk} \tag{6-16}$$

$$k = e^{-\frac{m}{1+m-n-1/A}} \tag{6-17}$$

n 为交易次数，m 为提供运输服务企业的服务种类，A 为提供运输的固定成本，k 为交易效率。假设：①运输需求方将运输任务完全外包给运输供给方。②交易费用是从事交易人旅行距离的函数。③只存在分散和集中两种交易模式，分散交易模式下交易在企业距离的中点进行。k（c）/c =β，β 为系数，反映交易成本，c 为运输交易人旅行的距离，交易双方为了实现交易成本最小，总会选择在交易旅行地点最近的地方交易。根据公式可以计算出不同交易模式、交易效率和分工关系（见表 6-1），当分工种类 n≥3 时，交易费用低，交易效率高，将 k 值和 c=1 代入式（6-1）中，可以推出给定 n 值的 β，$\beta = e^{m/(1+m-n-1/A)}$。

表 6-1　交易次数、交易方式和交易效率之间的关系

分工水平	分散方式距离	分散交易效率	集中交易方式距离	集中交易效率
n = 2	c	β	c	β
n = 3	c	β	$\sqrt{3}c/2$	$2\beta/\sqrt{3}$
n = 4	$(5+\sqrt{3})\,c/6$	$6\beta/\,(5+\sqrt{3})$	$(1+\sqrt{3})\,c/6$	$3\beta\,(1+\sqrt{3})$

资料来源：参见杨春和、张文杰：《基于交易效率的物流产业地理集聚分析》，《生产力研究》2008 年第 8 期，第 99～101 页。

将表 6-1 中数据代入上式，求得 n=2，3，4 时，$\beta_2 = e^{m(m-1-1/A)}$，$\beta_3 = (\sqrt{3}/2)\,e^{m/(m-2-1/A)}$，$\beta_4 = (1+\sqrt{3})\,e^{m/(m-3-1/A)}/6$，如果 $\beta < \beta_2$，采用分散交易，$\beta \in (\beta_3, \beta_4)$ 时，均衡为 n=3 集中交易。

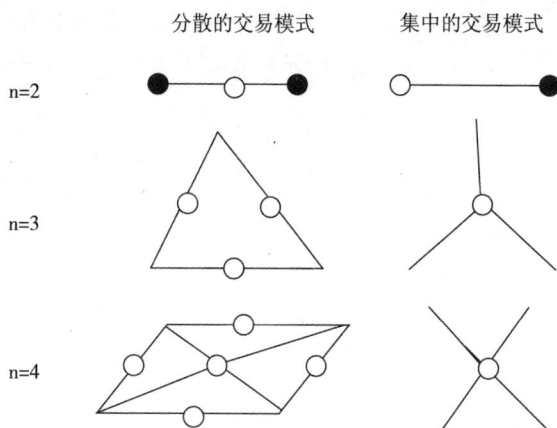

图 6-3　分散交易与集中交易模式对比

从图 6 - 3 可以看出，随着道路货物运输交易的规模和次数增加，集中交易节约了运输供需双方搜寻和交通成本。在信息不完备、有限理性和存在机会主义的现实市场上，发现价格或运用价格机制是非常昂贵的活动，由于道路货物运输市场存在大量的交易主体，需求企业无法对市场做到确定性的了解，交易双方都存在大量的搜寻成本。在信息不对称、逆向选择、道德风险等问题存在的情况下，企业间专业化分工受到限制，运输中间层将交易集中起来，能够将信息集中起来实现公开、共享、通用，降低信息搜寻、使用的成本。在动态世界里，只有能够汇集资源、配置资源的地方才是中心，也只有具有较高交易效率的中心，才有可能汇集和配置资源。交易中心要发展，就必须不断地扩大交易规模，不断地提高交易效率，主要表现为物流、信息流、资金流和劳动流的速度加快。成熟运输业务集成商由于具备了交易中心的能力，分散的运输资源会逐渐向成熟运输业务集成商网络集聚。

6.1.3 信用机制分析

现代经济学理论中，信用是作为一种具有相应的市场价值的经济资源而存在，其价值大小取决于在良好的信用条件下所节约的交易费用。信息不对称导致的机会主义是道路货物运输无法利用市场交易实现一体化从而开展网络化运输，以及"逆向选择"造成市场费率普遍偏低的根本原因。由于道路货物运输业的特殊性，其创造的使用价值不与其生产过程相分离，只能在生产过程中被消费，运输生产与消费同时完成，两者在空间、时间上是结合在一起的，货运企业服务质量必须在货物运输过程结束后才能评价。如果托运人和承运人在货运市场中寻求一次现金交易，运输企业服务质量信息无从考察，托运人又无法全程监控承运人的运输过程，承运人签订运输合同后就存在以牺牲托运人的利益为代价的机会主义行为倾向。一些承运人在签订合同后为了追求眼前或暂时的利益，寻找合同中存在的某些漏洞，或者在托运人不知情时擅自改变合同的个别条款，甚至有"骗货"行为的发生，并推卸自己应负的责任，从而产生逆向选择风险。

6.1.3.1 运输中间层双重代理人身份降低交易风险

斯帕尔伯提出，厂商作为中间层的签约和履约能力可以降低控制专用性资产的需要，并不一定非要拥有资产的所有权。运输中间层在架起卖者和买者间桥梁的过程中，扮演着四个经济角色：代理人、监督者、经纪人和沟通者。成熟运输业务集成商从生产销售企业那里收集货物，然后以"委托"交易的方式把这些货物送达收货人，运输需求企业与运力之间的委托—代理变成与成熟运输业务集成商之间的委托代理关系，运输需求企业将运输货物委托给成熟运输业务集成商后，成熟运输业务集成商承担全部的经济和民事责任。成熟运输业务集成商又与众多的中小型运输企业建立契约，使这些中小型运输企业成为他的代理生产者，这些无力承担全部运输服务和法律责任的中小型运输企业并没有直接与运输需求者建立契约，契约的可信度不是由中小型运输企业或个体经营户向消费者提供保证，而是完全由成熟运输业务集成商向消费者提供保证。成熟运输业务集成商的信誉度和权威性决定了契约的信誉度、执行度和权威性。这样成熟运输业务集成商成为运力和货源的双重代理人，即运输供给和需求的沟通者，运输过程的监督者。因此，成熟运输业务集成商不但需要解决自己组织内部的激励和约束机制问题，还必须有效地克服组织网络内其他合作成员可能出现的机会主义行为，对网络组织内的各类运输经营者制定各种管理措施以确保整个运输过程的效率和质量。由于成熟运输业务集成商的资本金较大，承担风险的能力较强，商业信誉好，有能力进行市场运作和市场创新，可以降低消费者的交易风险。

6.1.3.2　成熟运输业务集成商运作市场声誉模型

运输业务集成商与运输服务提供商之间形成长期稳定合作，并且通过信息平台发布运输企业的诚信记录，道路货物运输企业的不合作行为只能获得短期利益，并且造成不好的声誉，运输业务集成商形成网络中的成员会面临短期利益和长期利益的均衡。以下用声誉模型来分析运输业务集成商是如何降低运输市场交易中信息不对称产生的机会主义和不确定性风险。

（1）声誉模型基本思想。克瑞普斯、米尔格罗姆、罗伯茨和威尔逊（Kreps、Milgrom、Roberts 和 Wilson，1982）的声誉模型（Reputation Model）（以下简称 KMRW 模型）通过将不完全信息引入重复博弈，证明了参与人对其他参与人支付函数或战略空间的不完全信息均衡结果有重要影响，只要博弈重复的次数足够长，合作行为在有限次博弈中会出现。

有限理性下网络中企业间的契约是不完全的。在不完全契约条件下，网络组织中的一方有利己的机会倾向，但是网络组织成员合作关系本身就对成员形成一种激励机制，为了与网络组织维持稳定的、良好的协作关系，获得网络协作效益，网络组织成员会注重自己的声誉，声誉成为网络组织成员合作的有效激励。尽管每一个成员在选择合作时都冒着其他成员不合作的风险，但是，如果他选择不合作就暴露自己是非合作型的，从而失去获得长期合作收益的可能。如果博弈的次数足够长，参与人有足够的耐心（δ接近于1），未来收益的损失将超过短期由于机会主义行为所产生的收益，因此，在博弈的开始，每个参与人都会树立一个合作的形象，即使他本质上是不合作型的。

（2）运输业务集成商与基本运输业务服务商合作博弈模型。因为运输业务集成商是运输供给和需求的代理人，始终是合作型的，以网络利益最大化为目标，不会利用机会主义行为侵害基本运输业务服务商的利益，且对于基本运输业务服务商来说是共同知识（Common Knowledge）。基本运输业务服务商有两种类型：一种是合作型，一种是非合作型，但是其属于哪种类型只有自己知道，对于运输业务集成商来说这是私人信息（Private Information），但是运输业务集成商会根据合作互动来观察基本运输业务服务商类型并修正对其的判断。如果基本运输业务服务商机会主义行为给运输业务集成商造成损失，运输业务集成商就会解除与其的合作契约关系，并且以后不会再与其合作。假设运输业务集成商是理性的，主要分析基本运输业务服务商的博弈行为。

1）一次博弈。假定 V 为基本运输业务服务商对运输业务集成商的利益的实际侵占率（表示基本运输业务服务商超出契约规定的应得收益），或者是基本运输业务服务商对运输业务集成商的一种无效率的交易行为（包括推卸责任、服务态度不好、拖延交货时间等）（后面统称为利益侵占），显然 $0 \leq V \leq 1$。令 V^e 为基本运输业务服务商对运输中间层的预期侵占率，$0 \leq V^e \leq 1$。用 $\alpha = 0$ 代表基本运输业务服务商的类型为合作型，$\alpha = 1$ 代表基本运输业务服务商类型为非合作型，则构造基本运输业务服务商的单阶段效用函数如下：

$$U = -\frac{1}{2}V^2 + \alpha\ (V - V^e) \tag{6-18}$$

若 $\alpha = 0$，只有 $V = 0$ 时，才能使其效用最大化。也就是说，对于合作型的基本运输业务服务商来说，不侵占运输业务集成商的利益是他的最佳选择。若 $\alpha = 1$ 时，即基本运输业务服务商为非合作型，由于 $0 \leqslant V \leqslant 1$，因此，我们可以证明只要 V^e 充分小，就能保证 $U \geqslant 0$ 成立。

在单阶段博弈中，式（6-18）的最优一阶条件为：

$$\frac{\partial u}{\partial V} = 1 - V = 0 \tag{6-19}$$

非合作的基本运输业务服务商的最优侵占率为 $V^* = 1$，且 $\alpha = 1$，$V^e = 1$。在一次博弈中理性的基本运输业务服务商是没有必要合作的。

2）T 阶段重复动态博弈。设运输业务集成商企业对 $\alpha = 0$ 类型基本运输业务服务商先验概率为 P_0，则对 $\alpha = 1$ 类型的先验概率就为 $1 - P_0$。假定博弈重复 T 阶段，令 Y_t 为 T 阶段基本运输业务服务商选择合作性策略的概率，X_t 为运输业务集成商认为基本运输业务服务商选择合作性策略的概率。在均衡的情况下，$X_t = Y_t$。

如果在 T 阶段运输业务集成商没有观测到基本运输业务服务商的侵占行为，那么，根据贝叶斯法则：运输业务集成商企业在 T + 1 阶段认为基本运输业务服务商是合作型的后验概率为 P_{t+1}，不小于 T 阶段基本运输业务服务商为合作型的概率 P_t，所以，如果基本运输业务服务商本期选择合作，那么运输业务集成商认为基本运输业务服务商下期是合作类型的概率是会增大的。同样，如果基本运输业务服务商本期选择不合作，则运输业务集成商下期认为基本运输业务服务商是合作型的概率 P_{t+1} 为零。就是说，若基本运输业务服务商在本期不合作，运输业务集成商就推断出基本运输业务服务商是不合作型的，从而在下期（T + 1）基本运输业务服务商可能就会失去与运输业务集成商合作机会。因此，不到最后阶段，基本运输业务服务商是不会选择不合作行为。

3）T - 1 阶段基本运输服务商选择。假定不合作型的基本运输业务服务商在 T - 1 阶段之前加强与运输业务集成商的合作，则运输业务集成商认为不合作型基本运输业务服务商的预期侵占率为：

$$V_{T-1}^e = V_{T-1}^* \times (1 - P_{T-1})(1 - X_{T-1})$$
$$= 1 \times (1 - P_{T-1})(1 - X_{T-1}) \tag{6-20}$$

其中，V_{T-1}^* 为 T-1 阶段的最大侵占率，$1 - P_{T-1}$ 为基本运输业务服务商在 T-1 阶段为不合作类型概率，$1 - X_{T-1}$ 为运输业务集成商认为不合作型基本运输业务服务商侵占其利益的概率。

令 δ 为基本运输业务服务商的贴现因子，它表示基本运输业务服务商本期与下期效用之间的贴现关系，也可以表示非合作型的基本运输业务服务商冒充合作型的耐心程度（张维迎，1996）。一般来说，网络组织稳定性越高，非合作型的基本运输业务服务商冒充合作型的耐心程度越高，即贴现因子 δ 值越大；否则，贴现因子 δ 值越小。我们仅考虑 $Y_{t-1} = 0$，1，的情况。

对基本运输业务服务商在 T-1 阶段的两种战略选择效用进行比较：

若非合作型基本运输业务服务商在 T-1 阶段选择侵占运输业务集成商的利益，即 $Y_{t-1} = 0$，$V_{t-1}^* = V_{t-1} = 1$，则 $P_t = 0$，这时，由于 $V_T = 1 - P_T$，$V_T = 1$ 而 $P_T = 0$，则 $V_T^e = V_T = 1$。设运输业务集成商在 T-1 阶段预期基本运输业务服务商侵占率为 V_{T-1}^e，那么非合作型基本运输业务服务商总效用为：

$$U_{T-1}(\alpha = 1) + \delta U_T(\alpha = 1) = \frac{1}{2} - V_{T-1}^e - \frac{1}{2}\delta \tag{6-21}$$

若非合作型基本运输业务服务商在 T-1 阶段选择不侵占运输业务集成商的利益，$Y_{T-1} = 1$，$V_{T-1} = 0$，则非合作型基本运输业务服务商的总效用为：

$$U_{T-1}(\alpha = 1, V_{T-1} = 0) + \delta U_T(\alpha = 1, V_T = 0) = -V_{T-1}^e + \delta\left(P_T - \frac{1}{2}\right) \tag{6-22}$$

式（6-22）大于式（6-21），表示基本运输业务服务商在 T-1 阶段不侵占运输业务集成商的利益优于侵占运输业务集成商的利益，可得：

$$P_T \geq \frac{1}{2\delta} \tag{6-23}$$

因为在均衡条件下，运输业务集成商的预期 X_{T-1} 等于基本运输业务服务商的选择 Y_{T-1}，则 $X_{T-1} = Y_{T-1} = 1$，这时再由贝叶斯法则，$P_{T-1} = P_T$，则式（6-23）变为：

$$P_{T-1} \geq \frac{1}{2\delta} \tag{6-24}$$

因此，在 T-1 阶段运输业务集成商认为基本运输业务服务商合作概率不小于 $\frac{1}{28}$，非合作型成员选择不侵占优于侵占，从而实现自己长期效用最大化。

（3）模型结果分析。运输业务集成商与基本运输业务服务商如果是一次合作，非合作型基本运输业务服务商会采取不合作行为。成员之间的持续交往，运输业务集成商可以从基本运输业务服务商以往合作时的行动结果表现来推断其行动或努力水平，并根据行动的变化调整后期的合同，能对基本运输业务服务商的行动选择做出更具体的约束。

如果合作是多期的，即使是不合作型基本运输业务服务商也会为了自身利益最大化选择合作，建立一个良好的声誉。尽管每个成员企业在选择合作时冒着被其他成员企业欺骗的风险，但是，如果选择不合作就暴露出自己是非合作型的，从而失去从长期合作中得到的未来收益。信誉机制存在的前提是重复博弈，只有在多次博弈中，参与博弈的人有足够的耐心并且他很看重未来的收益，信誉机制才会起作用，因此信誉的建立是牺牲眼前利益换取长远利益。参与人之间的信息不对称程度随着合作次数的增加、合作程度的加深，双方交流与传递信息的增加而有所减小，从而压缩了代理人利用私人信息为自己牟私利的空间，产生了信誉机制。

运输业务集成商通过信息平台实时公布基本运输业务服务商信息，违约行为不仅会给他带来经济利益的损失，而且同时也给他带来社会声誉的损失，因而与一次交易相比，更加增大了其违约的成本，从而使得他更加有保持良好声誉的激励。所以，基本运输业务服务商为获得一定的社会资本，有足够的激励去保持合作。

道路货物运输中间性组织只需要具备以下两个功能之一，就能保证交易中"合作均衡"的实现：改变成员之间的信息结构，促使不完全信息条件下的不合作博弈向完全信息合作博弈转化；或者是集体施加一个对欺骗者的惩罚措施，改变博弈者的得益结构。

6.2　产业集聚效益分析

运输业务集成商将基本运输业务服务商集中起来，形成产业的集聚，在集聚区产生规模经济效益和时空效应。

6.2.1　网络经济分析

与其他行业相比，运输业更具网络经济性。由于运输产品本身及其计量方式的复杂性，使得对运输业规模经济与范围经济的把握相对复杂。运输业的网络经济与一般工商业有很大区别，即使是已经十分成熟的一些经济学分析方法，也已经证明必须在网络特性这一特定坐标系中重新考虑其针对性和适用性。

荣朝和（2001）认为，运输业的网络经济可定义成运输网络，是在规模经济与范围经济的共同作用下，运输总产出扩大引起平均运输成本不断下降的现象，而由于运输业规模经济和范围经济的特殊关系，这种网络经济又进一步通过它们的转型，即运输密度经济和幅员经济共同构成。运输密度经济是指当运输网络在幅员上保持不变（以线路长度及服务节点数等衡量）的条件下，运输产出扩大引起平均成本不断下降的现象；运输网络的幅员经济是指在网络上的运输密度保持不变的条件下，与运输网络幅员同比例扩大的运输总产出引起平均成本不断下降的现象。如图 6-4 所示。

运输规模经济与范围经济的划分	运输密度经济与网络幅员经济的划分	运输业网络经济的具体表现	
规模经济	运输密度经济	线路通过密度经济	特定产品的线路密度经济
			多产品的线路通过密度经济
		港站（枢纽）处理能力经济	
		载运工具载运能力经济	
		车（船、机）队规模经济	
范围经济	网络幅员经济	线路延长	运输距离经济
		服务节点增多	由于幅员扩大带来的多产品经济

图 6-4　运输业网络经济特性

资料来源：荣朝和：《关于运输业规模经济和范围经济问题的探讨》，《中国铁道科学》2001年第4期，第100页。

道路货物运输经营规模越大，完成单位货物周转量所要分摊的交易成本就越小，在生产成本相同的情况下，货运业的总成本也就越小，从而决定长期成本曲线呈现 U 形。整车运输的规模经济性主要体现在装载量上，通过提高单车装载量来降低运输成本，企业规模对平均运输成本影响较小。整车货物运输规模经济实现途径是在相同的货运组织、信息收集和组织管理等机制和制度的作用下，随着参与车辆数和完成货物运输周转量的增加而出现的，是单位货物运输周转量承担的交易成本越来越小的经济现象。我国道路货物运输市场长期以来一直是分散的市场结构，政府一直希望形成有序竞争的市场结构，但多种措施均未奏效。原因是道路货物运输业固定成本较低，而变动成本较高，① 大型车队固然能降低单车运输成本，但是如果企业内部规模过大，反而会在寻找货源、运输调度、生产监督控制、信息传递、个人主动性发挥等方面难以管理，带来消极影响，运力闲置是道路货物运输供应方面临的主要问题。因为整车运输虽然不具有规模经济，但是整车运输具有密度经济的特点，随着车辆吨位的增加，整车运输的效益显著提高，如果不能保持较高的实载率，运输供应方就会亏损，但是当超过一定水平时，密度经济不显著。

零担运输企业需要一定的运输网络集散货物，零担运输的经营者必须有能力将运输对象、运输信息和载运工具进行结合以提供完善的运输服务。因为需要借助信息网络和基础设施网络，其固定成本中，除了包括专用卡车，还需要一定面积的货运场站、相应的运输组织技术和运输装备等，资产专用性高，固定成本占总成本比重较高，约达到 30% 左右。② 网络化下每笔运输业务的交易成本和组织成本并不高，即产品的边际成本较

---

① 根据《中华人民共和国道路运输条例》（2004）规定，对申请从事道路货运整车经营的业户，在资产配备的只要求"有与其经营业务相适应并经检测合格的车辆"。整车运输经营户一般不拥有场站等固定设施，没有固定运输线路和网络。生产方式是单车分散经营，进入壁垒很低，业务随行就市，生产流程简单，组织技术水平低。并且，从业人员不需要特殊技能，难以实现向其他行业的转移，因此在我国社会保障体系尚不完善的现实条件下，整车运输的退出壁垒较高。

② 根据 1996 年交通部《道路零担货物运输管理办法》规定，"零担货物受理业户有固定的营业场所，有与业务相适应的货物仓储面积和装卸设施，租赁仓储设施需要有 1 年以上合法有效的租赁合同"，其中对零担货运场站的要求是"具有 300 平方米以上的停车场和 500 平方米以上的仓储面积，并有相应的安全设施和装卸能力"，"经营省内零担货运需要有 5 辆以上零担货运车辆，跨省经营需有 10 辆以上零担货运车辆"。从生产成本上看，零担运输除拥有场站等固定基础设施和一定规模的业务网络外，还需要拥有一定的运输组织和管理技术以及装备，初期投资大，进入壁垒较高，并且由于资产专用性较高，相应的退出壁垒也较高。

低。随着业务量的增加，包括固定成本和变动成本在内的企业长期平均成本递减，长期供给曲线向下倾斜。较高的固定成本和较低的边际成本是形成高集中度市场结构的有利条件，高固定成本意味着市场进入资本需求量大，低边际成本意味着规模经济的存在。同时，随着规模的扩大和管理专业化，道路运输基础设施规模性和多产品组合生产的范围经济性更加明显。因此，相对于整车运输，零担运输企业必须进行规模化、网络化的规模经营才有效益。通过增加节点扩大货源组织范围，利用小吨位车辆进行集散货源，将运输工具、场站等基础设施进行综合利用，发挥基础设施的规模经济，形成一个更加集约的作业组织结构。

无论是零担运输还是整车运输，提高规模经济的根本途径是车辆实载率和车辆利用率的提高。具体描述为：单程运输中，在达到车辆的核定载荷之前，增加实载会导致平均运输成本递减；在满载的前提下，使用大型车辆比使用小型车辆进行运输的平均成本要低。因而只要能达到实载率就尽可能组织直达运输，中转运输会导致时间损失、中转作业成本和运输路程的增加。但如果两地之间的货运量小到难以满足车辆对实载率的要求时，将发到不同地点的货物集合起来组织中转运输更为经济，以发挥范围经济和车辆载运能力经济的作用。

道路货物运输生产的规模经济效益的实现需要货运企业之间的分工合作。企业横向联合后，分散的运输需求被集中起来处理，经过网络节点企业的分工合作实现不同起讫点的货物可以被同时运输。并且随着运输网络节点的增多、覆盖范围的扩大，能在更大范围内提供运输服务，还可以按照客户需求提供个性化的服务。也就是说，道路货物运输企业间横向协作带来的整个运输网络的扩大以及可调用运输资源的增多，可以激发行业总体需求，降低运营成本。道路货物运输规模经济的实现不是靠单个企业的规模扩大来实现的，企业内部规模经济并不十分明显，更多是通过企业之间的网络化组织来实现，也就是说，道路货物运输具有规模外部性。规模外部性也称为网络经济效应或网络型产业的正反馈性，指随着网络的扩大，网络生产能力迅速增长，业务组织成本不断下降。网络中实体间一体化程度越高，规模外部性就越强；基础设施越完善，规模外部性就越强。

6.2.2　规模效益分析

交易效率、交易集中、分工网络这三个概念要放到一般均衡的分析框架下进行研究，三者有着微妙的交互作用：分工网络的规模以及是否具有正效应取决于交易效率，而交易效率又取决于交易是否集中。网络效应使交易和经济活动在地理布局上的集中产生了一种特别的经济效果，假定某项分工必然产生正向的网络效应时，将与分工相关的交易都集中在一个小区域之内，交易效率就会有明显的提高，而交易是否集中又受分工程度的影响。道路货物运输以运输中间层为核心的中间性组织使得分散的运力在实体或虚拟平台空间集聚，交易趋向集中化这一特征与现代产业集群发展是一致的。

6.2.2.1　生产企业运输成本与交易效率关系

据有关资料介绍，工业生产中产品生产时间只占全部生产流程总时间的 10%，而物流时间占 90%，货物运输所占用时间达到整个生产过程的 20%，货物运输费用大，货物运输费用占商品总成本的比重已超过 30%。

道路货物运输成本影响生产企业产品的交易效率。交易效率与两大类因素有关：一类是产生交易费用的因素，一类是影响交易价格的因素。产品交易效率是运输费用与运输产品交易价格的比值：当运输费用非常高，运输产品的价格非常低，交易效率接近 $-\infty$，此时产品交易就不会发生；当运输费用非常低，运输产品的价格非常高，交易效率接近 1，交易就容易发生。

假设运输产品的价格为 P，单位外生交易费用为 C_O，内生交易费用为 C_t，交易效率为 K，道路货物运输成本与交易效率的一般模型为：

$$K\ (O,\ I,\ P)\ =1-\frac{C_O+C_I}{p}=1-\frac{C_O}{P}-\frac{C_I}{P} \qquad (6-25)$$

式（6-25）中，$\frac{C_O}{P}$ 为运输过程中外生交易费用的损失；$\frac{C_I}{P}$ 为运输过程中内生交易费用的损失。

如道路货物的运输成本为 T，其他外生交易费用为 L，单位运输成本为 C_T，单位其他外生费用为 C_L，假设除道路货物运输成本外其他外生成

本保持不变, 那么:

$$K(T,L,I,P) = 1 - \frac{C_O + C_I}{p} = 1 - \frac{C_T + C_L}{P} - \frac{C_I}{P} = 1 - \frac{C_T}{P} - \alpha \qquad (6-26)$$

$$\alpha = \frac{C_L + C_I}{P} \qquad (6-27)$$

式 (6-26) 中, $\frac{C_T}{P}$ 运输产品对交通运输的依赖程度, 是交易效率损失的重要影响因素, 取决于运输产品的特征、运输服务的集中程度、运输服务的网络布局。求一阶偏导数:

$$\frac{\partial K}{\partial \frac{C_T}{P}} = -1 < 0 \qquad (6-28)$$

$$\frac{\partial K}{\partial C_T} = -\frac{1}{P} < 0 \qquad (6-29)$$

式 (6-28) 表明, 交易效率是运输产品对运输成本依赖的减函数, 当运输产品对运输成本依赖程度上升 (或降低) 一个单位时, 交易效率降低 (或) 上升一个单位。式 (6-29) 表明, 交易效率是运输成本的减函数, 运输费用上升 (或降低) 一个单位时, 交易效率相应降低 (或上升) 1/P 个单位。

为了进一步分析各因素对交易效率的影响程度, 二次求导:

$$\frac{\partial^2 K}{\partial^2 \frac{C_T}{P}} = 0 \qquad (6-30)$$

$$\frac{\partial^2 K}{\partial^2 C_T \partial P} = -\frac{1}{P^2} > 0 \qquad (6-31)$$

式 (6-30) 表明, 运输产品对运输依赖程度和交易效率影响程度是恒定。式 (6-31) 表明, 其他影响因素不变时, 运输成本对交易效率的影响是递增的, 即运输成本降低, 交易效率提高。如图 6-5 所示。

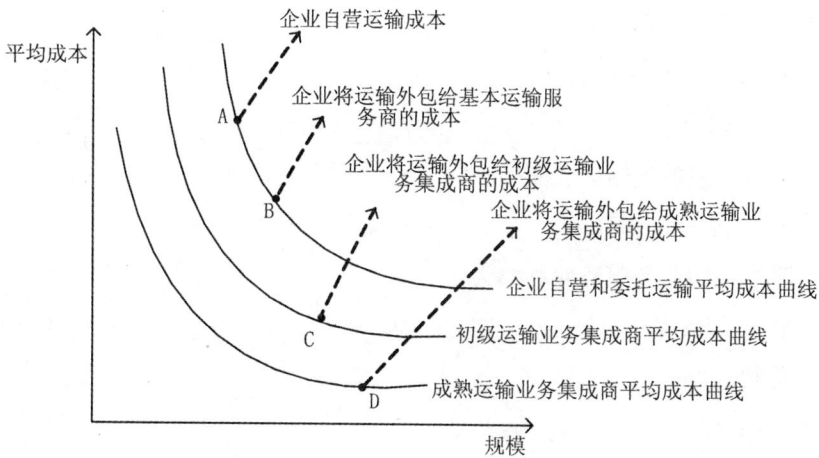

图 6 - 5　不同运输组织方式的运输成本对比

图 6 - 5 中从 A 点到 B 点到 C 点再到 D 点，生产企业将运输业务外包给成熟运输业务集成商的成本最低，由于运输成本影响企业的交易效率，企业为了提高其产品的交易效率会选择运输成本最低的物流组织方式，所以运输需求企业更倾向于选择成熟运输业务集成商。而交易集聚的产生必须以大规模的运输服务需求为前提，某一地区的运输需求量、货物周转量和货物运输业务外包等将决定着集群的形成。运输业务集成商能够进行集中交易的前提是其具有大规模、稳定的货源，运输需求方将运输外包给成熟运输业务集成商的原因是通过运输成本的降低提高交易效率。

6.2.2.2　基本运输业务服务商与成熟运输业务集成商合作效益

道路货物运输实现集中交易的另一个前提是能够吸引大量的运输服务企业加盟到运输业务集成商的网络，并且成熟运输业务集成商设计、控制、管理网络的生产链条。

假设成熟运输业务集成商运输一单产品的成本是 C_Y，它对运输需求方的报价是 J，它对基本运输服务商的报价是 P，基本运输业务服务商运输产品的成本是 C_w。假设运输的需求量 Q 依赖于成熟运输业务集成商对运输需求方的报价 J，即：

$$Q（J）= \alpha - \beta J \qquad\qquad (6 - 32)$$

其中，α、$\beta > 0$，运输需求规模 Q = Q（J），成熟运输业务集成商成本

为 $C_Y Q$ ，可以得到：

$$0 \leqslant C_Y + P \leqslant J < \alpha / \beta \tag{6-33}$$

$$C_W \leqslant P \leqslant J \tag{6-34}$$

所以，成熟运输集成商的利润为：

$$Y = (J - C_Y - P) Q \tag{6-35}$$

基本运输业务服务商利润为：

$$W = (P - C_W) Q \tag{6-36}$$

总利润为：

$$L = Y + W = (J - C_Y - C_W) Q \tag{6-37}$$

总利润并不依赖 P，与 α、β、C_W、C_Y 及成熟运输业务集成商的报价 J 有关。成熟运输业务集成商对运输需求方的价格决定运输生产链的总利润，对基本运输业务服务商的价格决定利润在成熟运输业务集成商和基本运输业务服务商之间分配。

以下我们从基本运输业务服务商加入成熟运输业务集成商网络形成稳定合作关系，和不合作的一次性交易两种情况来分别分析。当两者不合作的情况下，企业只知道自己的成本，另一种是两者长期合作，信息共享。不合作情况下成熟运输业务集成商对基本运输业务服务商先制定价格 P，成熟运输业务集成商为了使自己的利润最大化：

$$Y = (J - C_Y - P) (\alpha - \beta J)$$
$$= -\beta J^2 + (\alpha J + \beta C_Y + \beta P) J - \alpha C_Y - \alpha P \tag{6-38}$$

对式（6-38）求偏导，得到最优价格为：

$$J_1 = \frac{\alpha + \beta C_Y + \beta P}{2\beta} \tag{6-39}$$

将式（6-39）代入式（6-32）得最大需求量 Q_1：

$$Q_1 = \frac{1}{2} (\alpha - \beta C_Y - \beta P) \tag{6-40}$$

将式（6-39）代入式（6-35），得到成熟运输业务集成商的最大利润是：

$$Y_1 (P) = \frac{(\alpha - \beta C_Y - \beta P)^2}{4\beta} \tag{6-41}$$

基本运输业务服务商得到的最大利润是：

$$W_1 \ (P) \ = \frac{1}{2} \left[\ -\alpha C_W + \beta C_Y C_W + \ (\alpha + \beta C_W - \beta C_Y) \ P - \beta P^2 \right] \quad (6-42)$$

生产链的总最大利润是：

$$L_1 \ (P) \ = \frac{1}{4} \left(\frac{\alpha^2}{\beta} - 2\alpha C_Y - 2\alpha C_W + \beta C_Y^2 + 2\beta C_Y C_W + 2\beta C_Y P - \beta P^2 \right) \quad (6-43)$$

在成熟运输业务集成商与基本运输业务服务商通过契约形成合作联盟后，信息对双方来说都是可见的，双方合作使得生产链的利润最优，对式（6-37）求导：

$$J_2 = \frac{\alpha + \beta C_W + \beta C_Y}{2\beta} \quad\quad\quad\quad (6-44)$$

最大需求量：

$$Q_2 = \frac{1}{2} \ (\alpha - \beta C_W - \beta C_Y) \quad\quad\quad\quad (6-45)$$

J_1 和 J_2 比较，Q_1 和 Q_2 比较，$J_1 \geqslant J_2$，$Q_1 \leqslant Q_2$，说明合作生产企业利润最大化。将式（6-44）、式（6-45）代入式（6-37）中得到合作最大总利润：

$$L_2 = \frac{(\alpha - \beta C_W - \beta C_Y)^2}{4\beta} \quad\quad\quad\quad (6-46)$$

$$\Delta L = L_2 - L_1 = \frac{\beta}{4} \ (P_1 - C_W)^2 \geqslant 0 \quad\quad\quad\quad (6-47)$$

可见，成熟运输业务集成商与基本运输业务服务商长期合作后获得的生产链总利润，要大于两者不合作时一次性交易所获得利润和，合作比不合作获得更多的效益。价格决定了合作双方的利润分配，在信息共享的情况下，运输业务集成商会对基本运输业务服务商制定最合理的价格，使得各自利润最大化。

将式（6-44）、式（6-45）分别代入式（6-35）、式（6-36）后得到企业合作后成熟运输业务集成商和基本运输业务服务商的利润：

$$Y_2 \ (P) \ = -\frac{1}{2} \ (\alpha - \beta C_Y - \beta C_W) \ P + \frac{(\alpha - \beta C_Y + \beta C_W) \ (\alpha - \beta C_Y - \beta C_W)}{4\beta}$$

$$(6-48)$$

$$W_2 (P) = \frac{1}{2} (\alpha - \beta C_Y - \beta C_W) P - \frac{1}{2} (\alpha - \beta C_Y - \beta C_W) C_W$$

$$(6-49)$$

对于成熟运输业务集成商来说，只要 $Y_2 (P) \geqslant Y_1 (P)$，就可以接受，即：

$$P_Y \leqslant P_+ = \frac{- \beta C_W^2 + 2 (\alpha - \beta C_Y) P_1 - \beta P_1^2}{2 (\alpha - \beta C_Y - \beta C_W)} \qquad (6-50)$$

同样，对于基本运输业务服务商来说，只要 $W_2 (P) \geqslant W_1 (P)$，就可以接受：

$$P_W \geqslant P_- = \frac{- \beta C_W^2 + 2 (\alpha + \beta C_W - \beta C_Y) P_1 - \beta P_1^2}{(\alpha - \beta C_Y - \beta C_W)} \qquad (6-51)$$

$$P_+ - P_- = \frac{\beta (P_1 - C_W)^2}{2 (\alpha - \beta C_Y - \beta C_W)} \qquad (6-52)$$

如果成熟运输业务集成商与基本运输业务服务商协商采用最合理的价格 P 同比例分配利润：

$$P = \left[\frac{Y_1 (P_1)}{L_1 (P_1)} \right] P_- + \left[\frac{W_1 (P_1)}{L_1 (P_1)} \right] P_+ \qquad (6-53)$$

假设 $Q_2 = 20$，生产链的运输最优利润 $L_2 = 200$，成熟运输业务集成商与基本运输业务服务商各自的利润为 $Y_2 (P) = -20P + 400$，$W_2 (P) = 20P - 200$，如果双方按比例分配利润，由式（6-53）得：

$$P = (50P_- + 100P_+) \div 150 = 16.67$$

基本运输业务服务商的利润增加 33.33%，成熟运输业务集成商的利润增加 33.33%。

所以，分散的基本运输业务服务商会加入以成熟运输业务集成商为核心的中间性组织中，形成中卫式结构，与成熟运输业务集成商签订长期合作契约。

6.2.2.3 运输业务集成商网络集聚效益

分散运输企业的规模都比较小，存在众多个体经营户，运力资源不能得到充分的利用。运输业务集成商通过商业契约对分散的运输资源进行集成，为分散的运力提供实体或虚拟平台，过度竞争的运输企业之间形成了松散的横向一体化。企业突破地域和空间限制，将竞争力建立在所有企业的功能互补与集成创新基础之上，逐步消除企业间的等级差别，实现大、中、小企业协同发展，大企业与中小企业的关系从纵向层级关系转变为网络组织中各个企业之间的合作竞争关系，通过企业间的合作充分利用企业的外部资源快速响应市场需求。

运输业务集成商在不进行一体化扩大规模的情况下，通过企业间的横向协作带来整个运输网络的扩大以及可调用运输资源增多，随着运输网络节点的增多、覆盖范围的扩大，能在更大范围内提供运输服务，降低运营成本，也能激发运输需求方运输外包的总体需求。规模化的运输需求和规模化的运输生产可以实现规模经济效益，提高资源的利用率，还可以按照客户需求提供个性化的运输服务。成熟运输业务集成商从追求企业实体的扩大转向追求企业支配能力的扩大，通过网络分工合作整合社会货运资源实现规模经济效益，成熟运输业务集成商成为了市场的创造者、技术标准和市场运行规则的设计者。

道路货物运输中间性组织不仅体现在不同运输业者之间形成的多种形式的虚拟连接，还体现在基础设施的物理连接，成熟运输业务集成商聚集区内实现公共服务、信息、基础设施等资源共享，借助信息平台系统整合运力，形成"轴幅中转"式的运输组织方式，实现货源的积聚整合以及运力的相对集中经营。运输需求方和分散的运力与运输业务集成商之间分工合作的一体化模式形成后，短期内很难改变，也就是说，企业一旦加入横向一体化运行的成熟运输业务集成商组织系统，就不可能轻易转换到另外一个网络系统，转化必然导致众多资源的丢失和一段时间内业务组织的混乱，所以集聚具有明显的路径依赖和锁定效应。

6.2.2.4　结论

（1）成熟运输业务集成商相对于分散的运力或者小型的物流公司来说，更能降低运输成本，所以，会吸引众多的运输需求企业加盟，形成稳定的货源。

（2）分散的基本运输业务服务商与成熟运输业务集成商合作能够提高双方的利润，所以会有成千上万的中小型运输企业或个体经营户愿意加入成熟运输业务集成商的网络。

（3）成熟运输业务集成商集聚网络实现货源的积聚整合以及运输企业的相对集中经营，从而能够实现分工合作的规模经济效益，具有"小企业，大网络"的特征。

6.2.3　时空效应分析

道路货物运输能够创造与时间、地域有关的时空价值，运输活动本身过程也消耗时空资源。道路货物运输最优化组织力求创造时空价值的最大化，消耗时空资源的最小化。成熟运输业务集成商利用合作企业专业化分工来完成连续化、系列化运输作业，通过对运输生产网络安排来实现时空效应，从而节约运输成本，提高运输生产效率。

6.2.3.1　道路货物运输时空特征

世界一切活动都在时空运行，人类的活动也不例外。物理的时空理论为经济学的时空理论形成奠定了一个自然科学基础，引起了空间和时间的科学概念的根本变革。在相对论的时空结构里，物理时间的顺序与它的位置有关，与运动的状态有关，时间与空间都是相对的，只有空间和时间的连续区是绝对的，也就是说，在牛顿力学中是彼此独立的、绝对的空间和时间的概念，在相对论中，它们却由洛伦兹变换联系起来：$ds^2 = dx_1^2 + dx_2^2 + dx_3^2 - dx_4^2$（其中 x_1、x_2、x_3 是空间变量，x_4 是时间变量）。相对论是关于物质运动和时间空间关系的物理论，经济劳动时间是与人的相互交往，特别是与商品关系相联系，经济空间不同于自然空间，也不同于经济地理，经济空间是由地区结构所表现出来的经济关系。如红海与地中海都是自然空间，但连通它们的苏伊士运河则是经济空间，由于运输的出现，经济时空发生了变化。经济空间是与经济时间相对应的不可分割的经济实体之间的相互关系，是一种对比关系，比如企业间协作扩大了空间范围，劳动对象在空间上的联系，又为协作创造了条件，时空关系的转化，使得协作在缩小的空间进行，劳动作用范围扩大的同时，劳动时间缩小。技术进步使得劳动时间、资金周转时间缩小，利润率提高，交通条件改善了经济时空结构，缩短生产和流通时间，增加了社会财富。

运输活动要占用一定场所、地域和空间，也具有惯性，它必然要消耗一定的时间。在产出相同的情况下，物资、资金、时空三者消耗和占用得越少，其效率越高、效益越大，竞争力越强。空间消耗体现为土地的占用，进一步解释为各种运输基础设施占地（线路、场站、物流园区、仓库等），时间消耗表现为各种运作的周期，如存储周期、运输周期、资金周转周期等。运输所创造的价值不是使用价值，而是直接与时间、地域有关的时空价值，作为再生产活动，除了与其他生产活动一样消耗物质资源和人力资源外，更消耗时空资源。运输过程中所消耗的物质资源、人力资源、时空资源是相对的、可选择的，因而是可优化的，运输过程中空间结构不同，如运输线路不同，组织方式不同，所需要的时间、消耗的资源也不同，运输组织就是力求用最小的时空资源创造最大的时空价值。

6.2.3.2 道路货物运输生产组织的时间、空间效用

运输的空间效用是运输产品流动过程中由于产品的空间转移所产生的效用，运输的时间效用指缩短时间效用，运输时间缩短加快了资本的周转速度。运输时间和空间效用具有此消彼长关系，可以通过改变空间结构获得时间效用，同样，也可以通过提高运输技术节约运输时间来减少空间距离获得空间效用。道路货物运输根据消费者的需求，在两点之间进行带有方向性的位移，即运输的流向和流程。这体现了运输空间特征，根据运输流向和流程选择恰当的运力和线路，通过节约运输生产时间来获得空间效应。如通过各运输企业分工合作、专业化生产，把一些运输流程由过去的前后关系改变为并行关系，几个运输任务在不同的空间里同时进行，优化运输路径，消除迂回、重复等不合理现象，整个运输周期便会缩短，节约运输时间，加快了资金周转速度，产生时间效应。再比如，运输生产具有时空差异，运输需求在时间、方向等方面的差异所造成的运输供需不匹配，运输企业经常要付出空载行驶的代价。道路货物运输信息平台的建立能及时掌握市场信息，使得信息传递速度更快，并能使多个买卖双方之间迅速进行交易匹配、撮合，加强各运输节点企业之间的合作，提高运输资源的利用效率，依靠科学的组织管理提高运输协调与分配能力，是解决运输生产与需求时空差异的关键。

在此，我们用一个模型来分析道路货物运输的时空效应。运输费用等

于运价×路程×运量，地理位置不能改变，降低运输费用的途径只能是一个合理的组织运输方案。

假设：各道路货运企业各自完成自己的运输，A 地货物分别运往 B 地和 C 地，车辆从 A 将货运往 B 地，回程空载；同样从 A 地运往 C 地，回程空载，如图 6－6（1）所示，假设整个运送过程是连续的，中间没有间断，每公里的运输费用为 T，这时的路程：$R_1 = dAB + dBA + dAC + dCA$，运输成本是：$C_1 = T \times R_1$。

如果由运输中间层将加盟企业的运输资源整合起来统一调度，对车辆从 AB、AC、BC 之间迂回运输货物，解决了回程空载问题，货物运输路径如图 6－6（2）所示，其总行使的路程：$R_2 = dAB + dBC + dCA$，运输成本是 $C_2 = T \times R_2$。

迂回运输比前一种减少的路程为：

$$\Delta R_{BC} = R_1 - R_2 = dBA + dAC - dBC$$

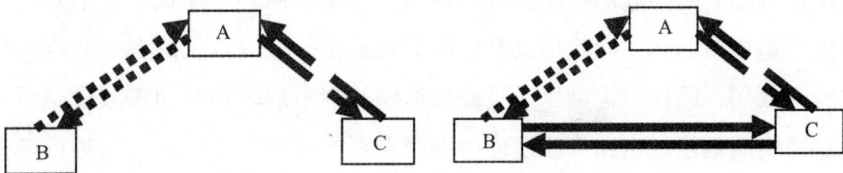

（1）运输线路优化前路径　　　　　（2）运输线路优化后路径

图 6－6　道路货物运输路径优化

在运输量不变的条件下，对两种运输方案进行分析比较。如图 6－7 所示：横轴 R 代表车辆行驶的路程，纵轴 C 代表运输成本，直线 L 表示成本 C 与运输路程 R 成正比关系。A 点表示在运输路径优化前总路程 R_1，运输成本是 C_1；B 点运输方案优化后总路程减少到 R_2，运输成本降低到 C_2，运输成本减少了 $\Delta C = C_1 - C_2 = T \cdot \Delta R_{BC}$。

运输方案优化前的运输时间为 $t_1 = \dfrac{R_1}{V}$，运输方案优化后运输时间缩短

为 $t_2 = \dfrac{R_2}{V}$，两种运输方案的时间差是：

$$\Delta t = t_1 - t_2 = \frac{\Delta R_{AB}}{V}$$

运输方案优化使得运输提供方的运输成本下降了 $T \times \Delta R_{AB}$，利润增加，于是就产生了空间效应。运输方案优化使得运输时间缩短 $\dfrac{\Delta R_{AB}}{V}$，降低了运输过程中的损耗，加快了资金的周转，从而产生了时间效应。

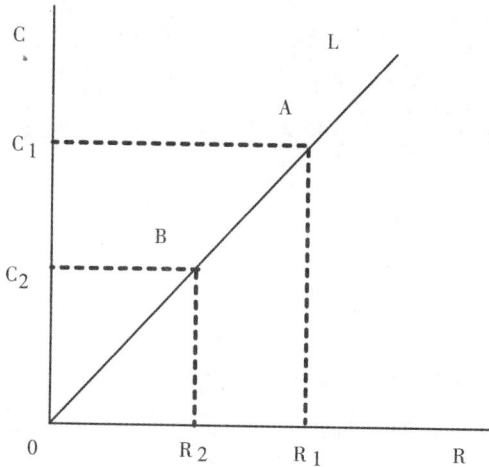

图6－7　既定运输量条件下成本—路径曲线

另外，运输业务集成商将运输需求整合起来，打破各运输需求企业、各类运输资源的界限，集零为整统一安排运输，能够降低载重行程，而每次载重行程对车辆生产率、车辆周转速度、货物运输速度有很大的影响。

由此可见，道路货物运输集成商利用物理网络或组织网络，能够将运输资源整合利用，通过最短的空间距离获得时间效应，通过节约运输时间缩短空间距离获得空间效应，道路货物运输的时空效应降低了运输生产成本，提高运输效率。成熟运输业务集成商组织道路货物运输竞争优势就是用最短的空间距离获得最大的时间效应。

6.2.3.3　道路货物运输实现时空效应的技术条件

无论是大型的第三方物流企业、公共信息平台运营商、物流园区运营商对道路货物运输资源整合都离不开信息技术的应用，通过建立运输信息系统在确保自己运营效率的同时保证向运输供需双方提供准确一致的信息。信息平台使得车源与货源能够较好地寻优结合，在组织运输生产的过程中通过运用计算机技术将运输资源整合进行统一安排、统一计划、统一调度、统一配载来实现合理运输，提高载运工具利用效率，并且通过对车辆行驶路径、车辆信息、货物配载等进行指挥、控制，通过选择最佳货运方案实现运输效率最大化。另外，还能保证所有运输环节按照设计规定的程序完成，实现运输过程全程可视、可控。正如斯帕尔伯（1999）所说，大型运输业务集成商能够将企业的信息系统与交易处理一样置于优先的地位，信息技术是成熟运输业务集成商实现规模经济效益的技术手段。

6.3　本章小结

道路货物运输网络组织是纵向生产链条上若干企业构成的契约连接，是各企业间纵向生产关系和网状交易关系的治理机制。运输中间层制定价格形成了新的市场均衡，通过效益评价模型分析运输中间层降低交易双方的搜寻成本、机会主义成本，提高交易效率。通过交易次数、交易集中与交易效率的关系模型分析随着交易次数的增加，集中交易提高交易效率，只有能够汇集资源、配置资源的地方才能成为交易中心。通过成熟运输业务集成商运作市场的声誉模型，分析企业间长期合作降低运输市场交易中信息不对称产生的机会主义和不确定性风险。

通过道路货物运输网络经济性分析无论是整车运输还是零担运输，规模经济不可能通过企业内部一体化获得，而是通过企业间的合作实现的。通过生产企业运输成本与交易效率模型分析，运输成本对交易效率的影响是递增的，所以生产企业为了提高交易效率选择运输成本最低的运输方式，将运输业务外包给成熟运输业务集成商，形成货源集聚。通过基本运输服务商与成熟运输业务集成商合作效益模型分析，运输企业之间的合作能够提高双方的利润，所以会有成千上万的中小型运输企业或个体经营户愿意加入成熟运输业务集成商的网络，形成产业集聚。集聚区规模化的运输需求和规模化的运输生产可以实现规模经济效益，提高资源的利用率，还可以按照客户需求提供个性化的运输服务。企业间横向协作带来整个运输网络扩大以及可调用运输资源增多，公共服务、信息、基础设施等资源共享，在成熟运输业务集成商的统一安排下迂回完成运输任务，通过减少空间距离获得时间效应，或通过减少运输时间获得空间效应。成熟运输业务集成商是道路货物运输集聚的中心，也是生产链条的控制者，是对分散的道路货物资源进行整合优化的主要组织者。

第7章 道路货物运输中间性组织实证

　　道路货物运输中间性组织通过运输中间层集中交易将分散的运输资源整合起来，运输中间层采用集约化的组织使车主、货主、运输工具的相互组合达到一个最佳点，利用信息系统，依托固定运输基础设施（如货运站、配载点等）和运输线路构成的硬连接网络体系集散货源，通过科学有效的运输组织管理技术合理安排车辆载运货物，实现货物空间位移的时空效应。具体表现在：通过对货源、线路、运力、仓储、集拼等各个环节的优化组织，把始发点、运输路线途中分散的运输需求集中起来，为车辆在到终点时组织返程货源，改变了单车分散经营模式下各运输企业的分散经营，车辆利用效率和效益低的局面。提高运输密度和周转效率，减少移动载运工具的使用数量，并把大量的交易成本分摊到更多的产品和服务数量上去，实现交易成本和生产成本的共同节约，同时实现了货物运输的高效、便捷、安全，提高了货运市场的资源利用效率。

　　运输中间层能够将运输企业集中起来形成产业集聚，在"聚集区"将道路货物运输资源组织起来形成企业分工合作网络，道路货物运输资源的网络化组织实现了系统集成，包括信息系统集成、物流集成、运输组织决策集成。道路货物运输中间性组织节点企业之间是竞合关系，与网络外企业是交易关系，如图7-1所示。

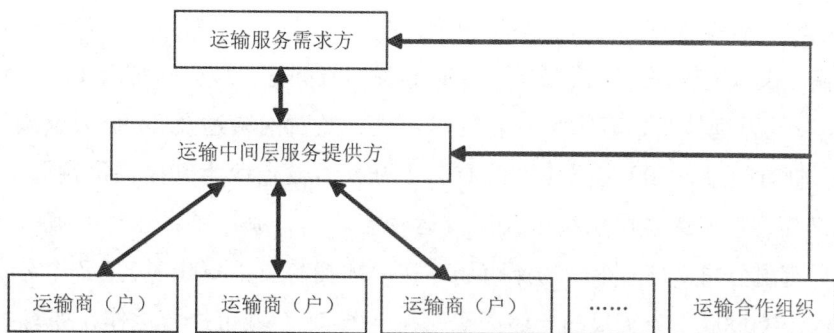

图 7 - 1　道路货物运输中间性组织交易关系

目前，具有资源整合能力的运输中间层主要有大型第三方物流企业、公共信息平台运营商、物流园区运营商。这三种运输中间层通过实体平台或虚拟平台提供企业空间集中场所，分别形成大型第三方物流企业生产链模式、信息平台运营商信息整合模式、物流园区运营商资源整合模式三种中间性组织模式。

7.1　第三方物流企业生产链模式

第三方物流又叫合同物流，第三方物流提供者是一个为外部客户管理、控制和提供物流服务作业的专业公司。它通过契约代理供应链条上多个企业、多个环节上的物流业务，整合各种货物资源、运输资源和信息资源，进行优化处理、合理分工，起到组织优化服务系统的作用，使得加盟到第三方物流企业的各类运输服务企业资源互补，实现资源配置最优化和效益最大化。

本节以世能达公司的案例来分析大型第三方物流企业如何通过生产链形式整合优化道路货物运输资源。

7.1.1　世能达公司概况

世能达公司（Schneider Corporation）创始于 1935 年，是北美最大、历史最长的整车运输企业，其业务主要包括整车运输、货运经纪、多式联运、外包服务、金融服务五大方面。公司提供的运输和物流服务包括：单程运输、运输管理、专车运输、货代/通关代理、公路快运、仓储、散货运输、供应链管理、多式联运、供应链咨询服务等。该公司拥有 1.4 万辆拖车，6 万辆挂车，有 1.5 万名货车司机，经营网络遍及 28 个国家或地区，拥有超过 22300 名员工，约有 1.2 万家运输企业为其提供运输服务。2007 年，世能达公司购买了天津宝运物流公司，成立了世能达物流（天津）有限公司，打入中国物流市场，在中国拥有员工 600 多名，7 个分支机构，160000 平方英尺的仓储面积，在全国 25 个城市经营运作，拥有 26 个营运网点，服务范围包括运输管理、仓储管理、供应链咨询、国际货代及第三方物流业务等。2009 年，世能达公司净收入达到 35 亿美元，其整车运输业务是公司最核心的业务，约占净收入的 60% 以上。另外，世能达公司采用最先进的信息、通信设备与网络技术，为需求方提供全方位的信息服务。

7.1.2　世能达公司运输组织

世能达公司为了实现整个运输网络的优化，对整个运输过程进行系统化的研究，充分利用时间、空间优势，根据运输的特点，合理利用运输基础设施和运力资源组织运输流程，具体如下：

（1）区域内配送运输组织。区域内运输服务主要以短途货物配送为主，其方式较为简单和固定，如图 7 - 2 所示。

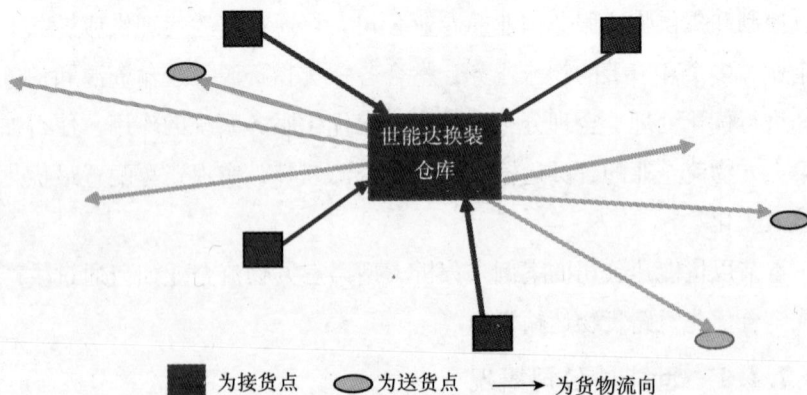

图 7 - 2　区域内货物运输组织

（2）区域间运输组织。区域间运输组织主要依靠成员企业间的分工与合作，如图 7 – 3 所示。世能达公司的成员企业利用已有的基础设施和统一的信息平台对本区域范围内货物进行集中收集，根据货物运往区域进行分拣装车，由世能达公司统一安排货物运输地点、时间及运输方式。

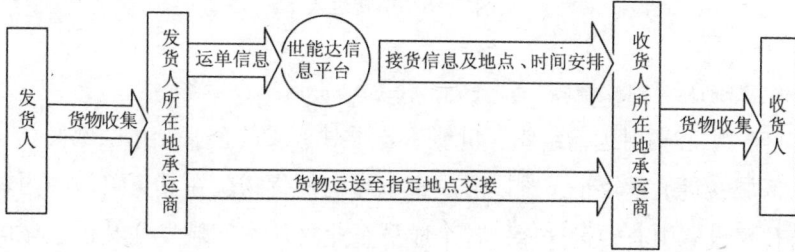

图 7 – 3　区域间运输组织流程

（3）往返运输组织。世能达公司对于当天可往返且相对运输量较大的区域，利用区域内换装仓库对成员企业的货物根据其发送方向进行集中处理，根据甩挂运输车辆的运营线路，综合考虑运力实载情况进行配货，尽可能地保证成员企业车辆往返都能实载。如图 7 – 4 所示。

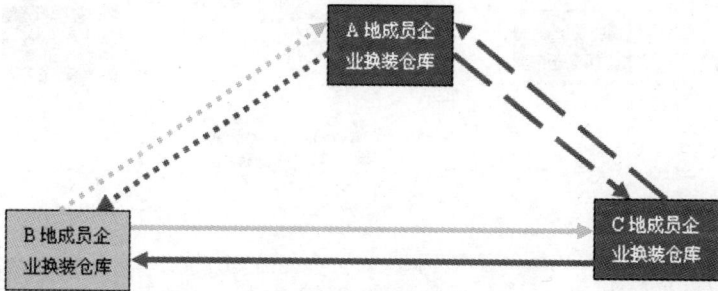

图 7 – 4　往返运输

注：箭头方向表示货物流向；同一类型的两条箭头表示同一台车的路径。

（4）中转运输组织。世能达公司对于当天不能往返、距离较远且运输量较大的区域，为提高运输效率，减少货物装卸操作环节，由两个或两个以上的承运商根据目的地的位置选取居中的位置，采用甩挂运输方式将各自运往对方的货物进行交换后，车辆返回出发地，如图 7 – 5 所示。

图7-5 中转运输

注：箭头方向表示货物流向；同一类型的两条箭头表示同一台车的路径。

（5）中心辐射运输组织。世能达公司对于成员企业所在区域发往其他单一区域，货运量较小，难以形成整车运输的货物，在其覆盖地域内较为中心位置设立中心转运仓库，各个成员企业将从本区域发往其他区域的货物运送至中心转运仓库，再将其他成员运达中心转运仓库的发往本区域的货物运回，提高彼此去程和回程实载率，进而提高了运输效率，降低了运输成本。如图7-6所示。

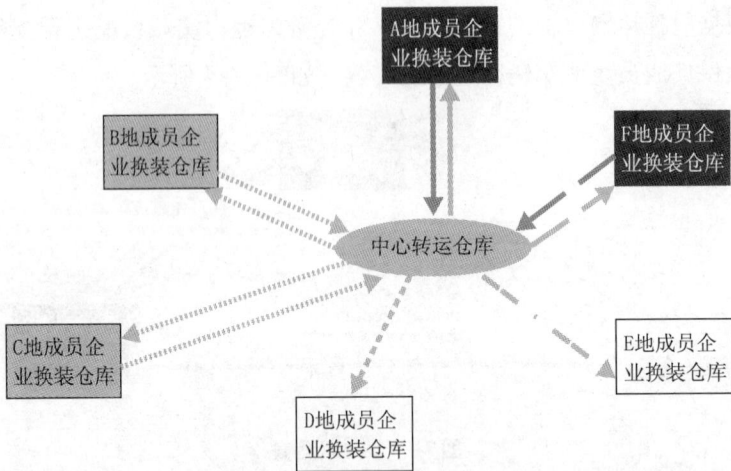

图7-6 中心辐射运输

注：箭头方向表示货物流向；同一类型的两条箭头表示同一台车的路径。

世能达公司通过合理组织运输流程，采取往返运输或中心辐射运输等高效运输模式，避免回程空载产生的能源消耗，也提高了运输资源的利用效率。

（6）现代信息技术在运输组织中的运用。世能达公司对网络内运力资源的有效调度是通过企业信息平台及公共平台实现的。公司充分认识到现代信息技术在运输组织中的重要作用，公司每年拿出总收入的 2% 投入信息技术研发、利用。公司开发了挂车跟踪管理系统，并在挂车上安装了信息发射装置，公司的车辆调度指挥中心通过该系统能够及时掌握车辆状态（行驶或停止，装载或空载）、地理位置等信息，便于集中、及时进行调度，提升运输服务质量，还利用互联网技术开发了货物全程跟踪系统，货主可以通过互联网对其货物状态进行适时查询，跟踪货物运输情况。为实现交易信息的共享，公司开发了公共信息平台，并与公司内的企业信息平台无缝对接，实现了企业内部信息的互联互通和上、下游之间信息的有效衔接，为公司合理规划运营线路和组织配货提供了基础，提升了公司服务水平和运输效率。

7.1.3　世能达公司规模效益分析

7.1.3.1　运输需求企业集聚效应

世能达公司的加盟企业主要是大型生产、零售企业，如通用电气公司、沃尔玛公司、大众汽车等世界 500 强的大型企业。据统计，世能达公司承运的世界 500 强企业的货运量约占公司货物运量的 2/3。另外，其加盟企业还包括大型零售企业，如目标零售公司（Target，年营业额达 550 亿美元），金佰利公司（Kimberly，年销售额 159 亿美元）等。大型生产、零售企业作为其平台组织的加盟企业形成规模化货物运输需求，为世能达公司提供了稳定的货源供给，利用这种稳定的规模运量来进行网络化、规模化运输，并在燃油、保险等方面的集中采购降低单位运输成本，也为其在网络内进行运力资源的优化配置提供了可能，最大限度地提高运输效率。世能达公司通过高质量的服务确立了品牌信誉，大型生产、零售企业通过这种大型的物流公司来统一管理其运输业务，很大程度上避免了诚信问题、管理问题，保证了货运服务的质量、货物供给的安全性、稳定性和高效率。

7.1.3.2　分工合作网络效应

世能达公司分工合作网络主要有以下两种形式：

（1）与中小型运输企业合作。世能达公司利用自身品牌、信誉、信息技术和管理网络优势，获得丰富的货源，吸引了众多的中小型运输企业加盟，并向其收取加盟费。通过有效整合社会零散运力资源完成运输服务，实现了公司自身和小规模运输企业的"双赢"。目前，已有近1.2万家拥有少于50个拖车的小型承运商加入世能达公司联盟中，为世能达提供运输服务，而且逐年都在增长。每天有600多个代理承运商用自己的拖车运输世能达公司的挂车，有效发挥网络运输的优势。

世能达公司建立了STM模式，与中小型运输企业开展合作，通过外包制将部分业务外包给中小型运输企业。世能达公司通过对承运商的严格考评后，与之签订1~3年外包运输合同，小规模运输企业通过签订长期契约成为世能达的代理承运商，承运世能达的货源对外使用统一运输品牌，世能达公司不仅能有效利用社会运力资源，还创造了品牌效应和规模效应。世能达公司根据协议将货物按运输需求分配给合适的承运商，代理承运商按照世能达规定标准提供运输服务。这种长期契约节约了每次签约的成本，也明确运输责任，降低交易成本和运营风险。加盟的中小型运输企业除能获得较为稳定的货源外，还可以在燃油、维修、保险和福利等方面获得世能达公司集中采购的优惠，降低了营运成本。这一模式正在吸引着越来越多的中小型运输企业加盟到世能达公司的网络中，成为其代理承运商。

（2）参与企业的供应链管理。世能达公司深入生产、流通企业内部，为其提供供应链管理服务。供应链管理中信息管理是关键，旨在通过信息技术提高货物在供应链上的透明度，缩短将货物从供应商送达到客户的时间。实现供应过程信息传递透明化，供应链下游随时掌握上游物品的存储状态和到达时间，从而实现企业理想的零库存和即时生产，使得供应链上下游之间建立完全信任关系成为可能。另外，信息技术也使得流程和作业改进更加方便，可以基于数量管理，实行针对承诺、预期进行时时改进。再有，信息技术使得沿着供应链进行聚集集合成为可能，保持了供应链的持续性，提高了创建操作者和网络用户的操控能力，实现了物流、资金流和信息流的全面整合。

如与生产企业通用公司的进厂物流合作。通用汽车1993年以前自己管理汽车进厂物流，与世能达公司合作后交由其进行管理。世能达公司主要为通用公司提供包括：汽车部件进厂运输、供应商/部件制造商来货的揽收和整合、整合中心的管理、向装配线送货的运输服务。其具体流程如下：

通用汽车制造厂每周向世能达公司及其供货商发送生产所需材料需求；世能达公司计划办公室根据需求制订周生产计划，确定每日行车路线、集货地点、数量、运输车辆、时间等；操作办公室接收周生产计划，通知运输车队执行，监督其执行过程，并处理应急情况。

世能达公司还对通用公司的仓库网点进行了优化，从原先的 27 个仓库缩减至 9 个仓库。与之对比，通用公司物流成本下降了 30%，原材料的可获得性超过了 95%，并有了更高的货补速度，库存的周转量由原来的周库存变成了日库存。

目前，世能达公司依靠信息技术降低了 60% 的空驶里程，运输空驶率只有 5%，实载率达到 89%。

7.1.3.3 世能达公司的信用机制

世能达公司与大的生产和流通企业合作，需要有信用保证，完善的信用机制能够降低运输需求企业的交易成本。

（1）制定价格。世能达公司制定并执行统一的服务标准、价格体系，这在一定程度上缓解了企业之间打价格战、恶性竞争、暗箱操作等问题，促进运输市场平稳有序发展，也降低了运输需求方的事前搜寻和讨价还价成本。

（2）诚信管理。运输需求方将货物委托给世能达公司后，世能达公司作为总承包商对运输业务负总责，在运输过程中出现事故后，世能达承担全部责任，然后再根据情况向合作代理承运商进行追偿。加盟企业间长期合作代替一次性合作，企业为了长期利益克服机会主义行为，按照合同要求，按标准完成运输任务，为了保证世能达品牌信誉，世能达对于加盟企业制定了严格管理措施，对意外事故制定了详细的补救措施。

1）保证外包运输的供给质量：代理承运商考评体系。为确保所选承运商的资格，保证其提供运输服务的安全性和有效性，世能达公司建立了一套承运商考评系统，以有效选择合格的承运商。所有承运商除必须具备联邦和各州规定的相关标准外，还必须通过公司的承运商考评系统：①所有承运商必须保持金额最低100万美元的车辆险和金额最低10万美元的货物险。承运商的保险服务商必须具备 B$^+$ 以上的信用评级。②对承运商的资质文件审查。③企业安全计分达到 DOT 安全标准。④承运商背景审查，包括防止欺诈行为的审查。⑤对承运商的安全和资信进行监督。

通过严格的考评系统，保证了所选择代理承运商的有效资格，维护了世能达公司的信誉和品牌，同时，世能达公司所制定的相关选择标准和规范在某种程度上起到了引导、示范的作用，能够有效规范小型运输企业经营行为。其中，政府提供的企业安全和诚信记录为这种经营模式发挥了重要的基础性作用。

2）保证了"公车公营"模式的有效执行：严格的司机绩效考评。为有效规范司机的行为，保证对成本的有效控制和服务质量的有效监督，公司建立了司机绩效考评体系，将货物丢失情况、空闲时间、每加仑汽油的里程数、车辆维修情况、交通事故等纳入绩效考评，对不合格驾驶员进行处罚或者辞退。如表 7-1 所示。

而绩效考评最重要的依据和手段是日常的驾驶日志管理。驾驶日志的格式由联邦运输部统一规定，司机在执行运输任务时随车携带，完成一次运输任务，由司机向车队管理人员提交日志。日志记载的车辆行驶里程、油料、维修、驾驶时间等各项信息经整理记入绩效考评体系，政府执法官员会随时对日志进行抽查，以保证日志记录的准确性和严肃性。

通过严格的绩效考评体系，使得世能达公司能够对司机进行有效管理，一方面保证了对燃油、维修等方面成本的严格控制；另一方面也保证司机行为的规范性，提升了运输服务质量。

表 7-1　世能达公司营运驾驶员绩效考评系统项目

联邦运输部规定项目	世能达公司附加项目
有效的营运驾驶执照	工伤
交通事故发生率/严重程度	货物丢失情况
货运违规频率/严重程度	空闲时间
日志精确度/合乎规范	按时交货
设备定时维护	每加仑汽油的里程数

续表

联邦运输部规定项目	世能达公司附加项目
年度违规评审	定期参加培训
年度体检规范	疲劳管理项目规范
药检规范	
路检规范	
员工记录保存	
危险品规范	

资料来源：根据世能达公司调研资料整理。

3）完善的安全检查和救援网络。世能达公司在北美地区布局了 13 个营运中心，在营运中心内车辆可以进行加油、食宿、购物等服务，而营运中心最为重要的职能是对进出车辆进行必要的安全检查，以保证车辆行驶的安全性。同时，为保证世能达车辆在运行途中安全，世能达公司和相关维修企业建立了联营合作，构建了遍布北美的应急维护救援网络，保证对世能达车辆在出现技术故障时的及时维修和处理。

从以上分析可以看出，世能达公司对运输需求企业提供的是合同物流和专业化服务，作为第三方物流的中间商，以合同的形式在一定期限内，提供企业所需的全部或部分物流服务。世能达公司通过吸收不同地域的成员，使原有网络不断优化，成员可以利用公用的或会员伙伴的仓储、转运、包装及分销网络，无形中就扩大了自身运营覆盖面，开拓原来自身服务能力限制无法获得的运输业务。最终世能达公司通过降低客户的物流成本来谋取自己的获利空间。

7.2　信息平台运营商信息整合模式

经济的永恒主题是对有限的资源进行最优化的配置，随着信息化发展，现代信息技术和计算机技术发展及在道路货物运输领域的应用，改变了道路货物运输的生产方式，提高了生产效率。信息平台的功能是通过信息共享实现有限资源的优化配置，信息平台使得信息传递速度更快，并能使多个买卖双方之间迅速进行交易匹配、撮合。但是购买一套大型信息软件的价格很高，并且拥有信息平台的企业一般有 60% ~ 70% 的功能暂时不用，而居于市场主体的中小型道路货物运输企业、道路货物运输代理企业没有经济实力自己来建信息平台。公共信息平台运营商通过其拥有的信息服务的功能将各类运输资源整合起来，完成从信息发布到交易磋商的一系列交易过程。公共信息平台运营商不再是拥有技术的货运公司，而是一个拥有货运能力的技术公司。

公共信息平台根据其功能和服务范围不同有不同的分类，本节以内蒙古自治区交通物流公共信息平台为例来研究公共信息平台运营商如何整合道路货物运输资源。

7.2.1 内蒙古道路货物运输企业发展概况

内蒙古自治区位于祖国北部边疆，总面积 118.3 万平方公里，地跨"三北"（东北、华北、西北），与八省、直辖市、自治区毗邻，靠近京津，既是京津和环渤海地区的腹地，又是华北沟通大西北的经济通道，同时也是东部地区的资源腹地，连接欧亚的交通要道。近几年，随着内蒙古社会经济的飞速发展，道路货物运输也取得了跨越式的发展，但由于内蒙古的经济基础底子较薄弱，道路货物运输企业的能力和水平不能够满足自治区经济社会发展的需要，其主要呈现以下特点。

7.2.1.1 内蒙古道路货物运输以零散的经营户为主

内蒙古道路货物运输初步形成了不同规模、不同组织模式、各具特色的运输企业，但是货运企业数量少、规模小，缺乏必要的竞争实力是影响现代运输物流发展的关键因素。2009 年全区共有货运经营户 174116 户，其中，货运企业仅有 9720 户，占全区货运经营户总数的 5.6%，分别较 2005 年增长 38.5% 和 20%。市场主体集中度和运输组织化程度低，营运载货汽车共有 212368 辆，吨位 1820305 吨，平均每个经营户仅有载货汽车 1.24 辆，吨位 10.54 吨，车辆分散，运输成本高，运输效率低下。如图 7-7 所示。

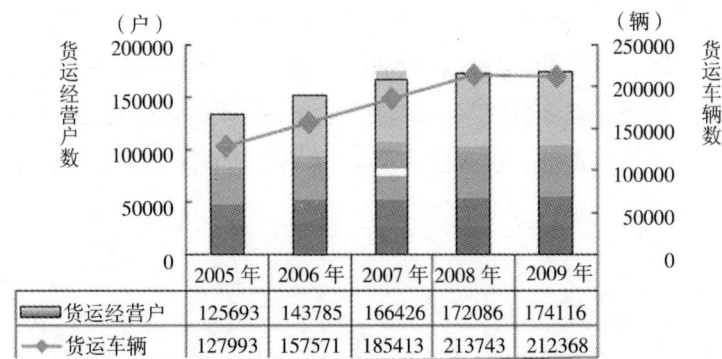

图 7-7　2005~2009 年内蒙古道路货物运输经营户及营运车辆变化情况

	2005 年	2006 年	2007 年	2008 年	2009 年
货运经营户	125693	143785	166426	172086	174116
货运车辆	127993	157571	185413	213743	212368

7.2.1.2　道路货物运输服务企业向物流综合服务发展

随着现代物流的发展，道路货物运输服务的功能逐渐从单一的运输服务向物流综合服务发展，内蒙古交通运输企业运用现代信息技术发展物流服务也有了长足的进步，但是具备一定物流服务能力的企业很少。从组织形式和发展规模上看，分为六种：①单一经营货物运输的企业，如包头第三运输公司等，这类运输企业数量较多，比例较大，也是货物运输市场的重要组成部分。②处于规划设想阶段，还没有涉入物流业领域，这类企业在三级以上运输企业中占少部分，如鄂尔多斯市运输有限责任公司、乌海市环通运输有限责任公司等。③开始涉足现代物流领域，物流业务规模较小，物流园区基础设施不完善，仅能提供停车、餐饮以及不完整的货运信息等简单的服务项目，处于初级阶段，这类企业在三级以上运输企业中占的份额较大，如内蒙古呼运（集团）有限责任公司、乌兰察布市运输有限责任公司、呼伦贝尔市天元运业有限责任公司等。④运输企业通过收购、兼并以及联盟等方式，整合企业内外资源，进入物流服务领域，如乌海市的日亨物流公司，就是由原来的五家货运企业重组之后形成的。⑤依托客户资源及其需求提供物流服务产品而逐步进入物流服务领域的运输企业，如包头市国际集装箱运输责任有限公司，为进出口企业在中转站提供报关、报检、结汇、投保、订舱、堆存、拆装箱、运输等一条龙服务。⑥传统运输企业通过服务功能拓展、服务网络延伸、业务重组等途径，发展成为基础设施、功能基本齐全，能基本适应目前当地经济和现代物流发展需要的物流园区，只是初具现代物流的经营方式，尚未形成真正意义上的第三方物流，这类企业在三级以上运输企业中占的份额较小，但已经显现出强劲的发展势头。例如，巴运物流园区、赤峰中昊物流中心和通辽物流园区等。

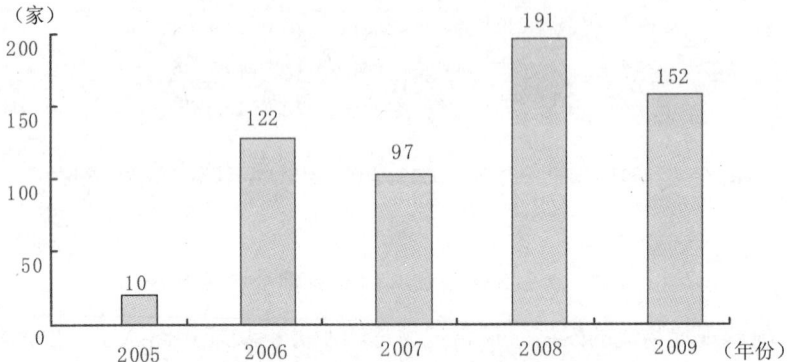

图 7 - 8　2005~2009 年内蒙古交通运输企业数量

7.2.1.3　运输中间层以信息部的形式为主

内蒙古道路货物运输在完成社会物资运输中发挥着重要的作用，但运输资源分散、运输市场发展不完善，各运输企业间生产活动大部分还停留在整车货物运输，货运市场信息化建设落后成为制约道路货物运输的最大障碍。专门进行运输交易服务的中间层发展落后，主要以为车找货、为货找车的信息部为主，只有小部分物流企业能够通过企业内部信息平台将供需双方整合起来，进行供应链管理。但是由于企业之间没有统一的信息标准，企业内部信息沟通不畅，供应链管理不流畅。

7.2.1.4　运输企业的信息化建设落后

内蒙古交通运输企业基础设施和系统功能几乎是一个模式，多数只具备了货运场站的基本功能。个别企业虽然建立了全球卫星定位系统（GPS）和地理信息系统（GIS），但利用率水平不高，主要用于运输车辆安全生产监管，真正为物流供应链提供一些高附加值的运输服务的信息很少。同时，企业运输车辆车型单一，仓储设备落后，搬运装卸和包装以手工操作为主，更没有信息系统的支撑，严重制约了运输服务水平的提高，并且由于缺乏必要的政策引导和资金支持，交通运输企业只能根据自身需要建立相应的信息平台，没有专门提供区域运输信息服务的企业，使得管理部门、物流市场供需双方不能共享全区物流信息资源，造成资源浪费和低水平重复建设，物流信息量供应不足、不全等问题。

通过对内蒙古道路货物运输的发展情况分析来看，内蒙古道路货物运输企业规模小，有 17 万多户，有一定规模的企业仅有 100 多户，并且这些企业的功能单一，缺乏具有资源整合能力的大型运输企业或物流企业。社会运力主要从事一些零散的运输任务，大部分车辆运输业务等待时间长，在这种情况下，通过建立信息平台将分散的运力集中起来，通过集中交易解决运输供需信息不对称的问题，对分散的运力进行集中统一管理。

7.2.2　内蒙古交通物流公共信息平台概况

内蒙古交通物流公共信息平台是由内蒙古自治区交通运输厅牵头投资建设的公益性的信息共享与交互平台，如图 7 - 9 所示。其规划总投资 1.2 亿元，建设期 6 年，分两期实施，一期为 2008～2010 年，投资 3000 万元，主要建设内容为：①充分利用交通综合信息网及现有场地条件，初步建成自治区交通物流数据中心和运输指挥中心。②通过搭建数据共享交换平台、业务整合平台、内容发布与管理平台，进一步提高交通物流的信息采集与资源整合能力。在此基础上，建设物流信息服务网站、道路运输资质查验系统、物流企业信用管理系统、公路货运交易信息服务系统、车辆定位与货物跟踪系统、物流业务管理应用托管系统和口岸物流管理系统六大应用系统。③在国家标准、交通行业标准的基础上，结合内蒙古自治区实际情况，建立健全物流信息化标准规范体系。截至目前，一期工程已建设完成，并投入运营，运营实体是由内蒙古交通运输管理局、内蒙古交通通讯中心、北京方正奥德公司、交通部科学研究院和内蒙古卫通公司联合组成，已在 4 个盟市的 12 个物流园区推广应用，注册会员数达到 10 万多户，日信息发布量达到 50 万条，日访问人数达到 8 万人次，日促成货运交易量达到 9000 笔和 30 万吨。

图7-9 内蒙古交通物流公共信息平台网站

内蒙古交通物流公共信息平台的总体建设思路：①在对内蒙古自治区运输信息化发展现状深入分析的基础上，充分利用现有的业务系统资源、数据资源、通信网络等基础条件，通过搭建统一的IT基础设施平台、数据交换与共享平台，形成自治区级公共运输信息数据库，实现物流业务相关数据资源的"共建共享"。②以用户需求为导向，广泛、深入调研政府部门、物流园区（货运场站）、运输企业等用户的实际业务需求，充分利用Web GIS、OLAP、Call Center等先进的计算机和通信技术，开发相关物流业务应用系统，从而提高物流企业的业务管理能力、交通管理部门的宏观调控能力、行业监管能力以及为社会公众的服务水平。③作为交通公共物流信息系统，要和海关、工商、税务等政府部门，银行、保险、货主企业等单位进行信息交换，通过信息共享平台，解决这些异构系统和异构格式之间的数据交换和信息共享问题，实现全区不同运输信息系统之间的跨平台连接和交互。

平台建设内容概括为"2345"工程，即建设两大数据中心、三大保障体系、四大数据平台、五大服务系统，同时充分考虑数据共享和对外接口的设计。如图7-10所示。

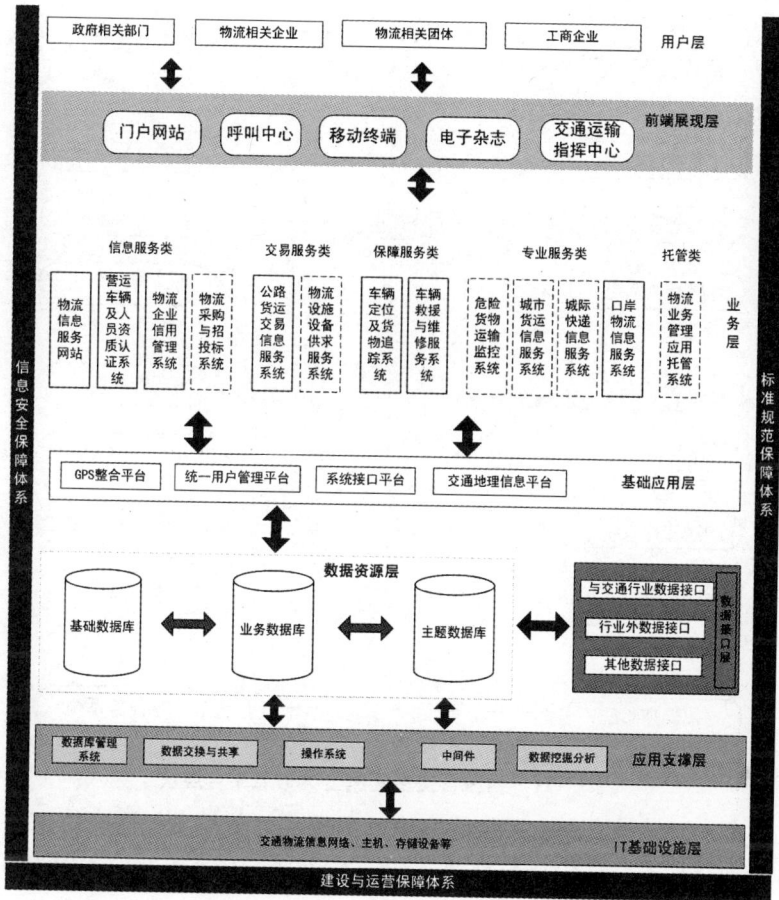

图 7 – 10　内蒙古交通物流公共信息平台总体建设内容框架

两个数据中心：包括交通物流数据中心和交通运输指挥数据中心。

三大保障体系：包括信息安全保障体系、标准规范体系、建设与运营保障体系。

四大数据平台：包括 GPS 整合数据平台、用户管理数据平台、系统接口数据平台、交通地理信息数据平台。

五大服务系统：信息服务系统、交易服务系统、保障服务系统、专业服务系统和托管服务系统。

根据公共信息平台的服务和使用功能不同，可分为四层：决策层、管理层、作业层和客户层。如图 7 – 11 所示。

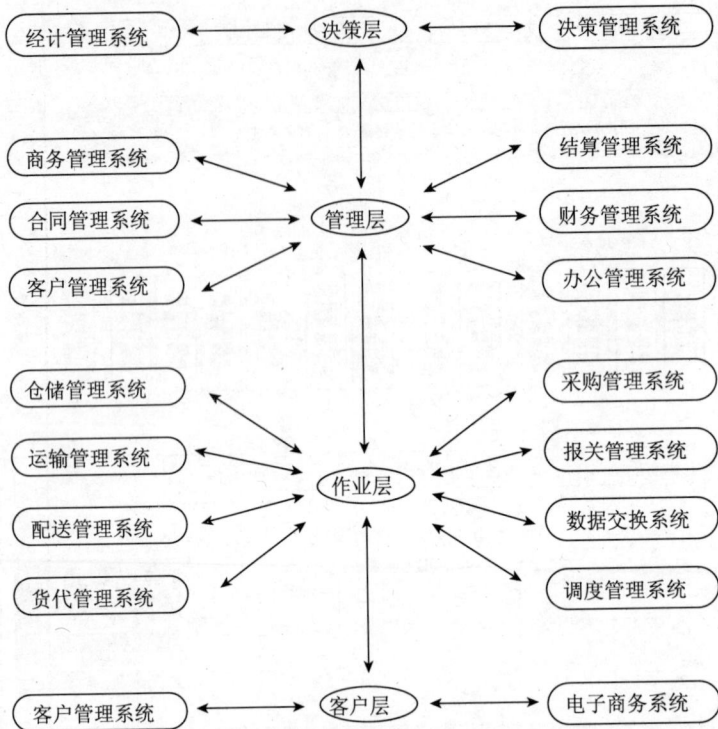

图 7 - 11　内蒙古交通物流公共信息平台层次

内蒙古运输信息平台系统的实施，实现了订单信息、调度信息、出库信息、到货信息、结算信息的统一管理与维护，使业务操作员能够方便、灵活、准确地进行数据处理，使企业管理人员能够全面、实时地掌握各项业务信息，使委托方、承运方、收货方等企业客户能够便捷、及时地追踪查询相关业务执行情况。如图 7 - 12 所示。其主要服务内容如下。

7.2.2.1　信息服务

信息服务是运输信息平台的基本功能，也是运输信息平台在建设初期的核心功能。实现整合分散在政府、社会、企业的信息，这些信息资源支撑整个平台的其他系统的功能，同时也支撑整个物流活动的开展。信息服务主要表现为对各类物流信息提供录入、组织、维护、发布、查询、交流等服务。该类信息系统主要包括信息发布、资质认证、信用认证、咨询服务系统。

（1）运输企业信息发布、查询。面向全区提供运输企业、仓储企业、搬运企业等各类物流企业展示服务，以文字、图片、多媒体多种展示方式，展示企业形象和文化，并重点推荐各个类型守信用、重服务的知名企业，为物流企业打造一个进行形象展示和企业宣传的良好媒介，通过政府掌握的物流与货运企业信用记录向社会公示，提供浏览查询服务引导运输企业规范诚信经营，规范市场操作，同时让物流需求用户可以找到信誉好、服务质量高、安全便捷的服务提供者。有助于提高企业业务量，促进企业发展，引导市场健康发展。

（2）货源和车源信息发布、查询。通过门户网站或呼叫中心方式，建立货源信息发布与查询渠道，有运输需求的生产企业、工商企业和个人可发布货源信息，运输企业和营运个体户可查询货源信息；建立车源信息发布与查询渠道，运输企业和营运个体户可发布车源信息，有运输需求的生产企业、工商企业和个人可查询车源信息，并可查询运输企业、营运车辆和从业人员的资质认证服务信息，确认信息安全有效，保障运输安全。只要用手机发条短信或者鼠标点击网页，你就可以知道哪里有返程的空车想配货、哪里有等着运走的货物在找车。

（3）资质认证信息。目前，内蒙古自治区乃至全国都存在道路货运市场集约化经营较弱，社会个体车辆成为运输主体这一情况，使得规范化运输、诚信化经营水平较低。骗车骗货、纠纷无法找到当事人的现象时有发生。因此，该信息充分依托已建成并开放的全国身份信息查询系统以及正在建设的全国 IC 卡道路运输电子证件管理系统，为道路货运行业从业人员、车辆、业户资质信息提供资质认证服务，并保证信息安全真实有效。可以有效实现经营资质和经营行为的联动，引导货运企业的健康发展，降低企业运营风险。

（4）企业信用管理服务。引导运输企业规范诚信经营，规范市场操作，同时让物流需求用户可以找到信誉好、服务质量高、安全便捷的服务提供者，将政府掌握的物流与货运企业信用记录向社会公示，提供浏览查询服务。

（5）运输法律、法规实时发布系统。采集国家、自治区、盟市颁布实行的运输及物流相关政策法规信息，实时发布，为所有信息需求主体提供浏览查询功能。

7.2.2.2　交易服务

运输活动过程中各种交易时刻伴随，交易离不开信息交互，所以在信息整合和共享的基础上，为物流交易活动提供交易信息服务，可以大大提高交易的透明度和效率，降低因为信息不畅、信息不对称及信息匮乏所带来的交易成本上升问题。该类系统包括物流设施设备租赁、货运交易、招投标信息服务系统。

（1）物流设施设备供求信息服务。运输设施与设备是贯穿于运输系统全过程、深入每个作业环节、实现运输各项作业功能的物质基础和手段。目前，内蒙古很多货运企业存在急需或是闲置货场、仓库等运输设施以及叉车、牵引车等运输设备的现象，苦于没有合适的信息获取和发布渠道，无法及时满足需求，既耽误了业务的顺利开展，又造成了资源的浪费，增加了企业的运营成本。因此，该系统提供运输设施设备供求信息服务可以解决这一矛盾。

（2）货运交易活动。货运供需双方在系统平台进行运输的交易活动，实现货找车、车找货、货找库、库找货、专线查询、车辆查询等功能，并能够通过手动选择查询条件，对所需信息进行分类查找，从查询结果中选择对象。

7.2.2.3　交易管理

当用户查询选择好自己所需要的信息时便可以提交订单，并且进行网上电子交易等操作，包含合同管理。此功能与系统中运输管理软件的电子商务部分对接，以实现企业间电子交易的实现。

7.2.2.4　保障服务

通过在信息平台中建设运输过程管理类信息系统，以信息化手段规范和提高运输业务组织效率和服务质量。基于 Web 方式的车辆定位与货物追踪系统是以 GPS 导航系统与 GIS 技术、互联网技术、无线电通信信息网络和计算机监控管理等先进技术为基础，全面跟踪车辆与货物的运输情况，面向物流与运输企业提供实时监控、双向通信、动态调度、数据存储、分析等功能，让客户可以随时了解车辆与货物的位置与状态，也可以在任何时间用多种手段查询所需的各种信息，保障了整个物流过程的有效监控与快速运转。依据不同用户群体的实际需要，建设门户网站、呼叫中心多种查询服务交互渠道，实现用户多渠道、多方式、高效便捷地获取服务。该类系统包括车辆定位与货物追踪、车辆紧急救援与维修信息服务系统。

7.2.2.5　专业服务

运输活动中服务质量的提高离不开专业的细分，交通公共信息平台在信息化服务上也要充分体现。将运输活动从不同运输方式、不同服务领域角度划分提供个性化的服务，可以大大提高信息化服务的质量。该类系统包括危险品运输、城市货运、城际货运信息服务系统。

7.2.2.6　托管服务

依托网络信息技术，面向中小货运与物流企业，提供紧凑、高效、低成本的物流管理专业工具即物流业务应用托管系统（ASP），使得企业在降低作业成本的同时将注意力集中在其核心商务活动，方便实现仓储、运输、调度、客户等作业管理与日常管理的信息化。应用托管服务类系统主要提供物流公共信息服务和物流园区托管服务。如图 7 - 12 所示。

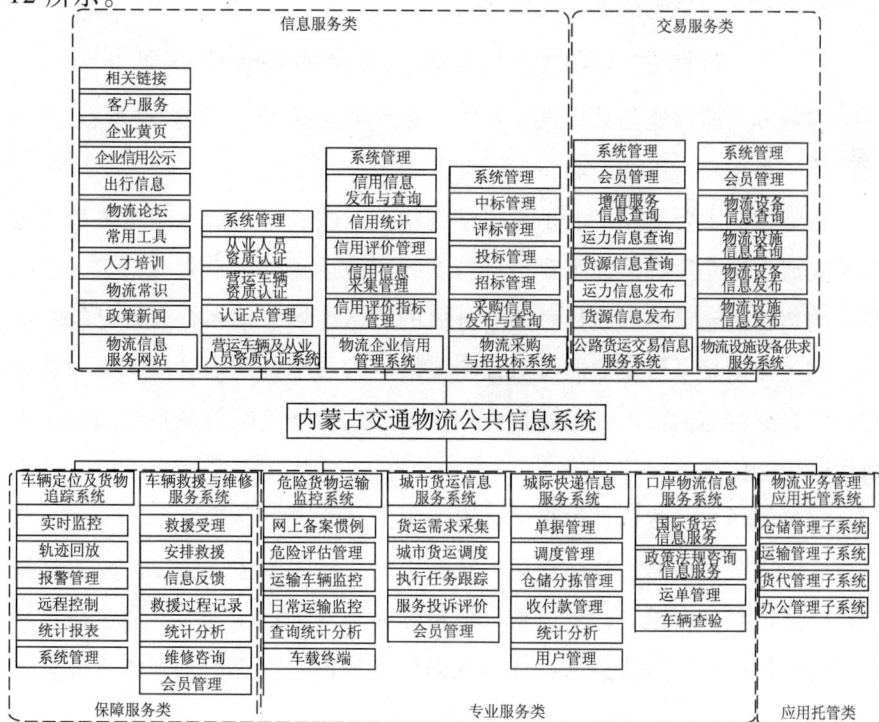

图 7 - 12　内蒙古交通物流公共信息平台整体框架

内蒙古交通物流公共信息平台的定位是一个信息交换的介质性平台，它能够整合物流活动所包含的各行各业信息资源，将分散在货物运输企业与物流企业、各个货运场站、物流园区、外贸企业、制造工厂、商业销售企业、政府部门、社会公众等信息资源整合在统一的平台上，并进行充分挖掘、加工和利用。除涉及企业的机密外，所有的运输信息都可在网络上向公众开放，使客户足不出户就能够找到运输企业所提供的适用于客户的个性化服务。在运输企业、场站、运输需求方、政府等多方之间进行信息的充分交换与共享，实现运输管理与生产活动参与各方有机衔接、协调配合。此外兼顾大型生产制造和商业批发企业的个性化需求，弥补其自有信息系统的不足，为企业开发内部 IT 信息管理平台，并且与一些较大型的运输企业、建设中的物流园区的信息对接，成为这些企业在网络外寻找信息资源的平台，并且进一步与全国的信息平台联网，逐渐形成基于因特网货运平台技术下的全国范围货代整合模式。

7.2.3　内蒙古交通物流公共信息平台服务企业类型

内蒙古交通物流公共信息平台的服务企业主要有以下四种类型：

第一类用户：工商企业

内蒙古的主要运输产品是大宗型货物，这些货物干线运输主要是通过铁路完成，道路货物运输主要是进行支线集散运输。运输货源稳定，这些稳定的货物运输需求方面针对的是分散的货运市场，很多企业自己组织运输，而运输信息平台企业通过对社会零散运力的整合集中管理，来满足大型生产企业的运输需求。工商企业用户可通过访问公共信息平台门户，了解运输市场信息。

第二类用户：货代、中小型运输企业

由于内蒙古道路货物运输运力结构以整车运输为主，所以内蒙古交通物流公共信息平台服务对象也是以批量和整车货物运输为主，通过信息平台整合松散中小货运信息部，货代成为信息平台的主要信息来源，也是主要服务对象。

第三类用户：社会公众

社会公众和从业人员可通过系统门户查询市场货运供需信息，追踪送货车辆的准确位置，动态掌握货物实时的信息、实现交易投诉等功能。

第四类用户：行业管理部门和相关平台

运输行业相关平台和政府管理部门用户可通过登录门户，实现行业监管、行业数据统计分析、实现行业管理部门之间、行业管理部门与企业、协会与企业、企业与企业之间信息通道等功能。

这四类信息平台服务企业中主要的服务对象是货代企业，形成"平台＋货代"的模式。内蒙古交通物流公共信息平台通过其具备的信息优势和品牌实力，吸引众多的车代、货代并以它的名义承揽货物，将加盟的货代发展为其所在区域代理客户，所加盟的货代统一品牌，是内蒙古交通物流信息平台的货运代理人与信息平台形成稳定的联盟，信息平台借此间接获取客户资源和运力资源，通过采用紧密型挂靠车辆的管理办法控制车辆资源，通过这种方式整合了近10万家分散的运力企业。

7.2.4 内蒙古交通物流公共信息平台服务效益分析

7.2.4.1 提高车辆实载率，降低车辆运营成本

车主可以通过交通物流公共信息平台提供的货运交易信息服务和车辆定位服务等相关服务，为车主广纳货源提供了有效的信息，减少异地待货时间，提高车辆实载率，使油耗、车辆及轮胎磨损降低，降低成本。

根据统计资料，内蒙古自治区2009年货运周转量达到了1637亿吨公里，但实载率仅为60%，这就造成了社会总体物流成本居高不下，达到了650亿元人民币。由此可知，内蒙古自治区单吨货物运输成本为0.4元，总运力为273万吨位，每吨公里的成本为0.23元。

通过该系统的建设与运营，可以提高信息资源的利用和共享程度，如果实载率提高1%达到61%时，需要总运力变为268.3万吨位，总成本为639亿元，节省社会总体物流成本11亿元，效益十分显著。

7.2.4.2 节约社会投资，提高资金利用效率

信息平台建设是一项系统工程，信息系统的建设需要大量的资金投入，如果各个运输企业、各个部门都独立投资进行信息系统的建设，并各自为政，将会造成重复建设，产生不必要的浪费。由政府主导建设统一的

交通物流公共信息平台，可以为企业和公众提供高质量的通信信息和网络平台，企业无需因自建通信、网络设施和设备进行过大的投入，从而极大地节约了企业在通信信息系统方面的一次性投入，使有限的资金投入更为有效的生产中。

物流企业的物流信息系统只需与内蒙古自治区交通物流公共信息平台接口，即可实现与物流链上所有环节的信息系统互联互通，使原有的管理由封闭型变为开放型，使信息由单方面、单通道变为双向性、多通道的信息渠道，解决了物流企业建设一体化，物流信息系统与各部门沟通和协调困难以及建设资金不足的问题，通过信息融合与服务，实现真正意义上的物流一体化运作。

7.2.4.3 实现信息标准化和规范化

各运输企业在独立建立信息系统的情况下，各单位采用不同的数据格式、使用不同的数据库、选择不同的数据通信协议等，这种建设局面导致各单位的相关物流信息系统之间无法进行通信、信息共享和数据交换。内蒙古交通物流公共信息平台的建设将打破各个部门之间的行业和地域的信息壁垒，实现从各子系统中按规定格式提取共享数据，完成对多源数据、异构数据、实时数据和历史数据的组织，保证数据间关系的正确性、可读性并避免了数据冗余。为防止物流相关信息系统建设混乱的局面，只有制定了统一的数据标准和通信协议规范，才能实现相关物流信息系统间的共享和数据交换。

通过网络化的信息服务，不仅能够为广大的货主及时提供发布货源信息的场所和信息平台，加快货物流通速度，同时也为货主在更大范围择优选择运力，寻求质量高、价格优的承运者提供了较大的空间，还可以对在途货物进行追踪。此外，由于交通物流公共信息平台与行业管理紧密结合，可以有效管理和控制运输的不规范行为，从而在更大程度上保证了货主的利益，使货主更加放心。货主更方便、快速且省时、省力、省钱。

7.2.4.4 提高单证传输速度和质量，降低管理成本

根据有关研究，由于采用网络化的信息服务，加快了单证和信息的传

递速度，分别减少单证传递时间和单证核对时间 5～6 倍以上，大大节约了工作人员的手工操作时间；同时可使单证错误减少 5%～10%；可减少纸面单证 50%，节省费用约 35%。

7.2.4.5　提高运输生产的规模效益，提高资源利用率

通过交通物流公共信息平台，可以发布、查询和接收各种货物运输的信息。建立货运车辆运力资源管理系统，以及仓储供应商资源管理系统，为道路运输物流的生产提供及时、完整的车辆运力资源信息和仓储储力资源信息，提高道路运输生产规模效益，减少信息交换的环节，提高各个运输作业环节运作的透明度，缩短运输的周期。此外，它有助于运输业户与货运代理建立长期合作伙伴关系，当货运代理提出运输请求时，可与运输企业迅速建立起连接，有利于中小运输企业向现代化、网络化、信息化的平稳过渡，也有利于提高闲置运输资源的利用率，实现运输规模效益。

7.2.4.6　创造公平的市场交易环境

统一结算系统的采用可以从机制上解决车站与车站间的一些拆账方式不公正、车站拖欠车主运输费等问题，有助于减少部分区域存在的垄断现象，使市场更加公正、规范、平等。

7.3　物流园区运营商资源整合模式

物流园区是现代物流发展的产物，是多种物流设施和不同类型的物流企业在空间上集中布局的场所，是具有一定规模和综合服务功能的物流集结点。它按照专业化、规模化的原则组织物流活动，将众多物流企业集中在一起，共享相关基础配套服务设施，有利于发挥整体优势。物流园区的规划与建立，是实现物流社会化、专业化和规模化的重要途径。园区内的企业可以充分利用物流基础设施等公共产品，降低公共基础和服务的平均使用成本，园区内集聚的具有互补性和配套性的各类企业容易加强集群内部的纵向和横向企业间合作，同时又保证足够的竞争动机，园区内信息沟通的便捷性和频繁的、正式的、非正式的联系，使得先进物流理念、经营

技术的外溢将更加迅速，更加彻底。只有重要的物流节点才能成为物流企业的集群区，本节以传化物流发展有限公司为例来分析物流园区运营商资源整合模式。

7.3.1　传化物流发展有限公司概况

传化物流发展有限公司是中国知名民营企业"传化集团"的四大企业之一。"传化物流发展有限公司"是由"浙江传化物流基地有限公司"、"苏州传化物流基地有限公司"、"成都传化物流基地有限公司"等多个现代化综合物流基地协同运营的企业组团。传化物流发展有限公司定位于公路港物流，其主要服务是为中小物流企业、社会车辆提供生活后勤保障服务（联运中心、配套服务区）、行政配套服务（办公区、司机旅馆）、商务配套服务（物流信息港、展示销售中心）、设施设备物业服务（仓储配送中心、零担快运中心）和信息支持服务（车源中心、交易中心）五位一体的立体式全方位服务。如图7-13所示。

7.3.1.1　传化公路港——萧山基地

浙江传化物流基地于2003年4月开始运营，是传化公路港物流首个成功运营的物流基地，其位于杭州钱江二桥萧山出口处，由传化集团投资建设，总投资3亿元，总占地规模560亩。这里聚集了480多家来自省内外的专业物流企业，整合了40万辆社会车源，服务范围覆盖周边100公里以内的18000多家工商企业，货运专线辐射全国的28个省份，日车流量4000余辆，日货物承运量近8万吨，年货物承运价值达3000多亿元，营业额达到23.26亿元。该公司定位于"物流平台整合运营商——传化公路港物流"，如图7-13所示。在"与您共同成就事业，推动区域经济发展"的经营理念指导下，致力于整合"物流服务、物流载体和物流需求"三大资源，为众多物流企业提供"信息交易、商务配套和物业"等系统服务。辐射范围已达杭州、嘉兴、绍兴、金华、宁波、湖州等周边地区，是服务于杭州湾及长三角地区的综合型现代物流平台。

图7-13 传化物流公路港物流运营模型

7.3.1.2 传化公路港——成都基地

成都传化物流基地于2009年5月开始运营，是四川省、市、区政府的重点项目，由传化集团投资建设，总投资15亿元，总占地面积1150亩。基地位于成都市北部新城商贸综合功能区的新都物流中心，东靠成德大件路，南至毗河，西临货运大道，北至物流大道，是一个创新型、公益型、生产型服务平台，是改善投资环境、优化城市生态、推动行业转型升级的重要引擎。公司定位于"物流平台整合运营商"，是传化物流在全国实施连锁复制的首个战略性布点，基地成功建设运营了"信息交易中心、管理服务中心、仓储配送中心、智能运输中心、零担快运中心"、"展示展销中心"、"卡车维修中心"以及完善的配套服务"7+1"功能模块，已入驻物流企业上千家，日均整合社会车辆2万~3万辆，日发布货运信息3000多条，日均车流量7000多辆，是大西南区域重要的公路物流枢纽中心。

7.3.1.3 传化公路港——苏州基地

苏州传化物流基地于2010年5月开始运营，基地位于苏州市金阊区综合物流园区内，东临苏浒路，南至312国道，西邻京杭大运河，北靠黄花泾河，总占地面积588亩，总投资10亿元，是金阊新城的核心项目，苏州市的重点工程之一，由传化集团投资建设，正在建设中。定位为"物流平台运营商"，以物流信息交易为核心，以公路运输为主，公路、水路、铁路多式联运的现代化物流枢纽。同时，根据苏州当地市场的运作特点，结合物流行业的发展趋势，项目规划包括信息交易、零担快运、仓储配送、信息数码、公水联运等八大功能中心。一期将完成信息交易中心、零担快运中心、运输中心、后勤配套中心的建设和运营，同时，配以部分简易仓库；二期将完成仓储中心、配送中心、公路水路联运中心、物流信息港的建设和运营。

7.3.1.4　宁波（镇海）国际物流商务信息港

宁波（镇海）国际物流商务信息港位于镇海城区镇宁东路与隧道北路交汇处，承接老城商业中心，面向新城。其定位为"以信息化为核心，以物流商务为基础的集物流、人流、商流、资金流、信息流为一体的高效运营的专业化、智能化商务综合体"，该项是传化物流在宁波连锁经营的子项目。该信息港将通过"物流信息中心、物流商务中心、配套商业中心、配套商住区"规划，进行以信息化为中心的四大功能模块的建设，打造以信息化为核心，以物流商务为基础，汇集物流、人流、商流、资金流、信息流的产业集聚区。该项目正在规划建设中。

7.3.2　传化物流基地资源集聚

传化物流发展经历了"自备车队"、"集团企业内部运输企业"、"为集体内外企业运输配送服务的企业"、"物流平台经营企业"四个阶段。当初，车队只作为集团内部物流所需，但"自备车队"的大货车送完货时由于返程配货困难，很多时候都是空车而返，造成运输成本较高。2000年，建立物流基地的构想被提了出来，而这个基地一开始的定位就是要让全国各地的司机到萧山来都能顺利配到返程货。2003年4月18日，传化物流发展有限公司正式营业，拉开了传化集团物流基地建设的序幕。"传化的事情就是提前十年想，提前五年做"道出了传化人抢占先机的强烈意识，先发优势引发"集聚效应"。

7.3.2.1　物流服务企业资源集聚

仅以浙江传化物流基地为例，已经引进了480多家物流企业，其中，省外物流企业占26.5%，浙江省内的各地、市物流企业占56.2%，萧山区的仅占 17.3%。它们的业务范围涵盖了公路、水路、铁路和航空运输以及仓储服务等多方面。道路货物运输企业形成了零担运输、干线整车运输、短途配送运输的专业分工，以及干线运输中的某个省、地区的专业分工。零担快运市场在打破垄断的基础上，整合了 100 多条专线资源，形成了杭州至全国各地的专线运输网络。除了道路货物运输企业外，基地内还整合了 15 家从事铁路专用线的运输企业、7 家从事内陆水运业务的企业，及 2 家航空货代企业。这些资源的集聚，使得传化物流基地内的各类运输服务企业在相互合作的基础上形成了全方位的物流服务功能。每天进入传化物流基地的车辆达到了 4000 多辆，在回程车辆方面，已经整合了 40 余万辆的车源，其中有 14 万辆车已通过身份查验，成为传化的诚信会员。

7.3.2.2　物流设备和设施资源集聚

传化物流基地在物流设施（如专业化仓库）和物流设备（如运输车辆）的集聚方面效果显著。在仓库资源方面，传化自建仓储设施已经达到了近 10 万平方米，其中 1 万多平方米的零担快运专用仓储，8 万平方米为钢结构月台通用仓库。其他相配套设施如装卸设备、搬运设备、信息设备等，也都在传化物流基地内大量集聚。

7.3.2.3　物流客户资源的集聚

传化物流基地服务于萧山及周边地区 18000 多家生产企业和商贸企业，其辐射范围已经到达杭州、嘉兴、绍兴、金华、宁波、湖州等周边地区，这些物流客户资源的集聚，也是运输服务需求的集聚，不但为吸引物流服务资源的集聚提供了支持，也推进了各种资源间的互补和整合，基地内不同物流企业同一线路上货物资源整合，不同企业的货物在同一仓库内整合，提高了资源利用率。通过各类资源的协调运作，日所承运的货物价值达 10 亿元，日承运货物量达 8 万吨。

7.3.2.4　管理服务资源的集聚

在传化物流基地内，集聚了商务、保险、银行、网络、通信等各项支持服务，运管、税务、工商等政府职能部门提供现场一条龙优质服务，这些管理服务资源的集聚保证和推动了"物流客户资源"、"物流设备和设施资源"、"物流服务资源"的集聚。这三大资源的集聚反过来又为管理服务资源集聚提供了集中服务的市场，并且大量的车辆资源的集聚为汽修汽配等服务提供了客户，在物流基地内，商店、住宿、餐饮、通信、娱乐、物业、后勤等服务也都具备了规模效益。

7.3.3 传化物流资源集聚效应分析

传化物流基地整合了"物流服务、物流设施设备、管理服务和物流需求"四大资源，为众多运输企业提供"信息交易、商务配套和物业"等系统服务，优化和促进社会分工合作体系。

7.3.3.1 企业集聚效应

传化物流基地内各类运输企业聚集促成了企业间的合作契约交易，企业可根据需要形成具有竞合关系的联盟组织，对生产企业、商贸企业、第三方物流企业、社会零散车辆进行整合，提供一站式物流服务或一体化物流运作，形成集群式物流服务供应链，为运输需求方提供便捷、安全、高效的服务，通过建立一体化运输产业链使空车配置时间从平均72小时缩减到6小时，为周边企业降低了40%的物流成本。2008年，基地对车、货的配载效率比上年提高了43%，极大地降低了物流成本，提高了车辆营运效率。

7.3.3.2 信息集成共享效应

信息交互平台是传化物流基地的主营业务，建立了物流平台业务管理系统，包括网络平台、数据交换与共享平台、数据库平台三个信息平台。通过网络交互平台，运输需求方、第三方物流企业、运输企业可以自主的在信息平台上发布信息，目前，日发布货运信息达到7000余条，运输需求方通过信息平台，选择合适的运输服务企业，信息交流的速度快、质量高。

通过一整套规范的、高效的、安全的数据交换机制，订单信息、库存信息、物流企业的能力信息、需求预测信息等实行共享，为平台双方提供了集中统一的交易场所。通过完整、高质量服务的提供，不断增强平台的吸引力，使平台各方从网络外部性中获得效用不断提高。基地内正式、非正式交流使各成员更易于掌握信息，矫正信息偏差，提高信息质量，降低了信息利用的成本，提高了信息的利用效率。

7.3.3.3 诚信机制

诚信交易模式是浙江传化基地首创的信息交易模式，加入传化物流的企业或个人成为会员，通过建立客户数据库，对交易双方实施差别价格会员管理制。考虑到不同企业的需求价格弹性，对货源企业和运输企业或第三方物流企业提供差别化的价格收费体系，对货源企业给予较低的收费价格，对于诚信会员给予收费折扣。并且根据会员级别制定不同的价格，调整会员收费级别，提供相应的服务，会员等级是根据交易量和会员评价体系建立的。会员制管理诚信交易模式是以交易记录和信用评价为主要手段，将诚信车辆系统与交易系统紧密结合而成的一种创新型交易模式。建立会员企业诚信管理系统，为每一位客户建立智能 IC 卡系统，加盟会员企业可以方便地查询到进场客户的姓名、地址、进离场时间及诚信信息，而运输需求方可通过交易大厅系统查询到运输企业的车辆状况、安全运输以及诚信交易等信息，防止了货物运输中接单不能到达目的地、收货后卷款"消失"的弊端，保证了进入传化基地客户的交易安全，降低风险，降低企业合作交易运作中的不确定性。传化物流基地的诚信机制不仅提高了运输交易过程的透明度，也让运输供需交易变得更加方便、快捷。

7.4 本章小结

运输中间层采用集约化的组织使车主、货主、运输工具的相互组合达到一个最佳点，目前具有资源整合能力的运输中间层主要有大型第三方物流企业、公共信息平台运营商、物流园区运营商。本章通过世能达公司、内蒙古交通物流公共信息平台、传化物流有限公司进行实证分析。这些运输中间层通过其品牌实力或完善服务功能吸引众多的运输需求和运输服务企业加盟到其网络中形成中间性组织，如世能达公司网络中加盟1.2万家承运商，内蒙古公共信息平台将地区60%以上分散的运力整合起来，传化物流基地整合40万社会车辆，整合到这三种平台的不仅有零散的运力、还有中小型物流公司、货运代理等，形成各类企业分工合作的网络。通过三种模式实证证明了成熟运输业务集成商能够吸引众多的货源和运输企业形成产业集聚的规模效益，以成熟运输业务集成商为核心的中间性组织模式是一种优化的道路货物运输组织模式，是道路货物运输集约化、组织化发展的主要方向。

第 8 章　结论、建议与展望

8.1　研究结论

本书应用中间性组织理论、解释中间性组织产生的分工与专业化理论、交易成本理论、交易效率理论及企业的中间层理论，构建了道路货物运输中间性组织理论架构，应用理论对道路货物运输中间性组织模式及组织模式的效益进行分析，并通过具体案例对中间性组织进行实证分析，以事实验证理论得到经济规律的正确性。综合本书的分析，得出以下结论：

（1）企业、市场和中间性组织是资源配置的三种方式，究竟采用哪种方式，主要取决于边际交易费用和组织费用的大小。中间性组织是分工合作的企业通过制订共同计划，或者是通过一方对另一方行使权利形成长期合作的契约安排，是一种半企业半市场的企业网络组织形式，是在考虑同时利用外部市场利益优势和内部组织控制成本优势时的一种效率最高的治理模式。

（2）道路货物运输中间性组织理论包括道路货物运输中间性组织成因、中间性组织构成、中间性组织结构及中间性组织网络效应。

（3）道路货物运输中间性组织是由网络节点企业、网络连接纽带、网络运行机制三个要素构成。网络节点企业根据其在运输服务中的职能不同，分为基本运输业务服务商和运输中间层，运输中间层根据其提供运输服务的完整性不同分为初级运输业务集成商和成熟运输业务集成商，网络中业务覆盖范围包括地区、区域直至全国的各层次节点企业是否完善，是影响运输供给效率的重要因素。道路货物运输生产过程完整性离不开各类基础设施和信息系统的连接，这些运输资源系统形成道路货物运输中间性组织连接纽带。要保证中间性组织的有效运作，需要建立各种运行机制，以对节点成员的行为进行有效的协调、约束与激励。

（4）道路货物运输中间性组织结构最终发展趋势是单核心网络组织结构。道路货物运输中间性组织根据网络中节点企业之间的关系分为无核心企业网络组织和有核心企业网络组织。核心企业对加盟到网络中的非核心企业具有命令、指挥、监督的权力，核心企业的控制能力来源于其对资源及信息的掌握程度，非核心企业对信息、资源的不对称性越高，核心企业的地位越重要，它对非核心企业的控制能力也就越强。根据产品、资源、网络不同发展及组合形成了功能维度、形式维度、运作维度三个维度，不同的表现形式，也反映了道路货物运输组织结构从无核心网络的低级阶段到多核心网络的中级阶段，再到单核心网络的高级阶段发展过程，道路货物运输发展的高级阶段是成熟运输业务集成商为核心，将各类运输服务企业整合起来，形成单核心的中间性网络组织结构。

（5）道路货物运输中间性组织的核心企业具有中间层组织的职能。核心企业不仅要协调组织成员的分工合作，甚至还要作为运输供需双方的中间层，制定运输价格，作为运输供需中介将运输供需双方分散的直接交易变为通过运输中间层的集中交易，扮演着中间层的四个经济角色：代理人、监督人、经纪人和沟通人。

（6）道路货物运输中间性组织集中交易提高交易效率。运输中间层制定价格形成新的市场均衡，为运输的供给方和需求方设计机制以便使各自都能表露出支付意愿和机会成本，降低当事人搜寻成本。运输中间层成为了运输供需双方的双重代理人，运输需求方并没有与无力承担全部运输服务和法律责任的中小型运输企业建立契约，契约的可信度由运输中间层向消费者提供保证，运输中间层的信誉度和权威性决定了契约的信誉度、执行度和权威性。此外，运输中间层与基本运输服务商的长期合作建立的信用机制，降低了道路货物运输市场信息不对称条件下的道德风险和机会主义成本。

（7）道路货物运输中间性组织具有运输资源集聚的规模经济效益。中间性组织中企业分工合作形成规模经济效益，相对于分散的运力来说，更能降低运输成本。所以，会吸引众多的运输需求企业加盟，形成稳定的货源。分散的基本运输业务服务商与运输中间层合作能够提高双方的利润，所以会有成千上万的中小型运输企业愿意加入成熟运输业务集成商为核心的网络中，从而实现货源的积聚整合以及运输企业的相对集中经营，形成"小企业，大网络"。

（8）道路货物运输中间性组织网络内企业分工合作生产具有时空效应，实现运输资源最优配置。道路货物运输企业间横向协作带来整个运输网络扩大以及可调用运输资源增多，公共服务、信息、基础设施等资源共享，在成熟运输业务集成商的统一安排下完成运输任务，通过减少空间距离获得时间效应，或通过减少运输时间获得空间效应。

（9）道路货物运输中间性组织具体模式主要有大型第三方物流企业生产链、信息平台运营商信息整合、物流业园区运营商资源整合三种，每种网络组织中的核心企业对道路货物运输资源整合方式不同，但是都将分散的运输资源集中起来，使得运输企业在实体或虚拟平台上集聚，产生集聚效益，提高运输资源利用率。

8.2　创新点

（1）本书的研究视角是从产业层面研究如何通过产业组织提高资源利用效率。道路货物运输生产技术特征决定其市场主体以中小型运输企业或个体经营户为主，分散的道路货物运输市场结构使得运输资源难以得到充分利用，在道路货物运输市场结构短期内无法改变的现实下，从道路货物运输组织模式变化及不同组织模式下交易方式的变化，来研究如何提高市场的集约化、组织化程度。

（2）将中间性组织理论运用到道路货物运输，构建了道路货物运输中间性组织理论架构。中间性组织的核心企业根据其对资源及信息的掌握程度，对非核心企业具有命令、指挥、监督的权力，还具有运输供给与需求之间中间层的职能，制定运输价格、集中交易，是运输需求方和运输供给方之间的代理人、监督人、经纪人和沟通人。

（3）划分了道路货物运输组织结构发展阶段。产品、资源、网络不同发展及组合形成了功能维度、形式维度、运作维度三个维度不同的表现形式，根据不同的表现将道路货物运输组织结构进行无核心网络的初级阶段，多核心网络的中级阶段，到有限局域内单核心网络的高级阶段划分，提出道路货物运输组织发展的高级阶段是以成熟运输业务集成商为核心的有限局域内单核心网络结构。道路货物运输组织结构发展过程体现了网络效应，也是运输交易从分散到集中的过程。

（4）道路货物运输中间性组织能够提高交易效率。核心企业制定价格形成新的市场均衡，降低当事人搜寻成本。核心企业成为运输供需双方的双重代理人，并且与基本运输业务服务商长期合作建立了信用机制，降低了道路货物运输市场信息不对称条件下的道德风险和机会主义成本。

（5）道路货物运输中间性组织具有产业集聚的规模效益和时空效应。道路货物运输中间性组织能够将运输资源整合起来形成集聚效益，集聚区实现货源的积聚整合以及运输企业的相对集中经营，形成“小企业，大网络”。网络内企业分工合作带来整个运输网络扩大以及可调用运输资源增多，在成熟运输业务集成商的统一安排下完成运输任务，通过减少空间距离获得时间效应，或通过减少运输时间获得空间效应。

（6）提出道路货物运输中间性组织具体模式。根据核心企业不同类型将道路货物运输中间性组织分为第三方物流企业生产链、信息平台运营商信息整合、物流园区运营商资源整合三种具体模式。

8.3　政策建议

与发达国家“集约化、规模化、网络化”的组织模式相比，我国道路货物运输组织模式还是以零散、粗放为主。运输组织发展滞后已成为制约我国道路货物运输市场高效运行的主要障碍。道路货物运输发展重点是实现整体货物运输组织的有序化，提升整体运输效率，而发展的关键还在于通过理念、技术、制度等方面的创新，改变道路货物运输分散的交易方式，推动“大交通、大网络、大物流”的发展。

8.3.1　培育大型市场主体

道路货物运输的供给以基本运输业务为主，而基本运输业务具有低固定成本和高边际成本的特征，这样的生产系统自身很难形成较大的规模，当运输中间组织层缺位时，必定造成道路货物运输的供给与需求脱节。所以，对中小规模运输企业的扶持并不能解决问题，培育具有资源整合能力的龙头企业才是解决问题的可行途径。

8.3.1.1 培养具有整合运力资源能力的核心企业

道路货物运输市场网络化运作的核心在于运输资源的整合优化，在于运输市场主体之间的分工与合作。要改善我国道路货物运输市场资源利用效率，必须扶持具有资源整合力量的运输业务集成商，也就是说，关键不是看企业的规模，而是发展核心企业整合运力资源的能力。运输业务集成商能够将路网、运输工具、场站、资金、劳动力等各生产要素有效优化，把分散的中小型道路货物运输企业组织起来相互调剂、共用场地及车辆等设施设备，通过信息平台连接所有的服务网点并扩大成片，形成发达的专业化分工与紧密的社会化协作。

核心企业的发展途径是引导货运企业在平等自愿的基础上，采取股份合作、兼并、重组、外包等形式，打破地区、行业界限，培育一批服务水平高、国际竞争力强的大型运输企业或第三方物流企业，从政策、资金等方面给予优惠，促进这些企业的快速发展。新的大型运输企业和第三方物流企业不断出现，以培育整合道路货物运输资源能力及规模经营实力为发展重点，不断提高经营效益和社会效益，成为中国道路运输走向现代化的先导力量。

8.3.1.2 鼓励分工合作的中小型运输企业发展

成熟运输业务集成商交易及运作市场的方式实现各类货物运输企业间的分工、协同和专业化生产，道路货物运输的发展要在发展大型的运输、物流企业同时鼓励中小型运输企业的发展，各类专业货物承运人、货运代理人或枢纽经营者等的发展能够很大程度地提高货物运输生产与服务的效率，通过企业间的分工合作进行道路货物共同配送，将原本单独运送的单一商品集中汇总，批量处理，既降低了运输成本，又增加了送货频率，实现规模经济效益。现行的自成一体的个体运输的组织模式逐渐被高度专业化、市场化的合作运输组织取代，运输企业的关联协作程度将会大大提高。道路货物运输市场网络化发展能够促进运输生产与服务的专业化分工与规模化经营。

8.3.2 加快信息平台建设

当前社会是一个信息社会，货物运输信息资源在组织道路货物运输中发挥着重要的作用，合理利用好货运信息资源，能够极大地提高道路货物运输的效率。当前生产从工业经济时代的大规模生产向信息时代多样化、个性化发展，高附加值的产品、特种货物等的货运量在迅速上升，道路货物运输企业由原来的大量生产、大量销售体制下产生的大量运输为主，逐渐转向按照现代物流及时、准确、快捷的要求提供"门到门"乃至"库到库"、"线到线"的完整运输产品服务。完整运输产品生产需要企业间的合作网络，将不同运输企业、不同运输区段和不同运输环节衔接、组织和协调，而网络内企业之间的协调必须借助于信息化。

信息平台生产成本具有特殊的结构，呈现高固定成本、低边际成本的特点。发达国家道路货物运输往往是由几个超大型企业在激烈的竞争中主导着行业发展，这些大型企业由于普遍应用了大量先进的通信和信息技术，实现了规模化生产。而我国目前从事道路运输服务的企业，部分大企业采用封闭自主开发信息系统的方式来实现组织内部信息化，而众多规模较小的运输企业由于资金、人才匮乏，根本没有能力建立自己的信息网络系统。鉴于此，迫切需要行业管理部门为广大的运输企业提供免费的通用软件以及能够彼此互联的平台。

通过政府出资搭建公共信息平台，整合各方面资源以较高的效率实现大规模定制的生产方式，社会资源可以得到有效的配置，是一种公共资源有效利用的较合理的途径和方式。公共信息平台关键是对不同的企业信息平台组织和其他部门管理信息资源集成、中转和支持，完成各系统之间的数据交换，实现信息共享。根据信息需求者的需求采用规范格式将数据发布和传递，为不同运输经营主体之间信息体系搭建桥梁，为整合社会运输资源的有效运作提供基础。政府公共信息平台的建设可以避免各个企业自建信息系统所带来的重复建设和高成本维护，同时，也有助于在统一标准、接口下实现企业之间、企业与上级主管部门以及与其他公路主枢纽之间的信息沟通。

政府公共信息平台有三种方式：第一种是公共物流信息平台的规划、建设和运营维护都由政府直接负责，这种模式的弊端是容易造成信息平台所提供的信息与市场结合的紧密度不够、需要政府持续长期投入。第二种是以企业为主的业务模式，这种模式是政府负责搭建信息平台，平台的运营完全由企业负责，企业由于存在盈利的压力，会积极探索平台营销的方案，也会对平台的具体功能和服务质量持续改进。但由于企业行为有一定的局限性，其整体规划性不强，投资回报压力大。第三种模式是政府出资搭建信息平台，由企业负责平台的实际运营，相比于前两种模式，这种模式克服了政府运营平台脱离市场，不能创造经济效益的弊端，也克服了企业搭建信息平台的资金压力。在实际运营中，政府公共信息平台引入行业准入机制和会员制管理方式，对于加入平台的企业会员，平台可通过收取会费、用户服务费、租赁费、广告费等方式提供有偿服务，政府在公共信息平台中主要行使宏观调控职能，负责指导制定公共物流信息平台共享信息服务价格和出台市场引导政策等。

8.3.3　转变政府管理职能

市场作用是解决问题的最好办法。但同时，市场机制短期内可能阻碍行业的快速发展或使行业过度发展。政府应适度参与并进行干预，对规范和促进行业发展，起着十分重要的作用。将目前货源组织、货物运送、场站中转等环节各自为营的经营模式，转变为经济一体化环境下利润共享、风险共担的新型联合方式，政府经济管理的切入点要转向改变市场交易方式和建立维护市场交易秩序上，关键是做好以下几个方面：

8.3.3.1　建立和维护市场交易秩序

交易秩序是影响交易费用高低的另一个重要方面。建立和维护市场交易秩序主要依靠法治，法治是保持良好经济秩序、规范交易行为、明确交易规则的最好形式。政府建立、健全相关法律法规，并加大执法力度，为道路货物运输业网络化交易创造规范的市场环境。这时政府扮演的是交易的第三方，政府介入的交易属于三边规制（新古典的缔约活动）。威廉姆森认为，三边规制与传统的市场规制（古典的缔约活动）相比，会降低交易费用。交易双方互相并不熟悉，甚至不认识对方，这会使交易受到机会主义的威胁。尤其是在资产专用性提高的情况下，交易双方都可能利用资产的垄断性来要挟对方，使合同难以正常履行。法治在这个时候为履约提供了确定性预期和保证，使承诺变得可信，从而使交易少受机会主义之害。良好的交易秩序就是要营造公平、公正的竞争环境，强化安全管制，抑制过度竞争，真正做到优胜劣汰。同时还需要进一步打破地区封锁，促进市场的统一和开放，为我国道路运输向集约化、规模化发展创造良好的市场环境。

8.3.3.2　建立信用保障机制

与实体交易相比，利用信息系统完成的交易具有虚拟性，运输主管部门必须对进入市场的企业建立信息档案及诚信、评信机制，要保证交易信息真实、准确，对加入货运信息网络的运输企业进行严格的资质审核，避免承运者利用信息传播的虚拟性损害货运托运人利益。对于在运营过程中利用不正当手段谋取私利的企业进行通报，使其失去在市场立足的基础，改变货运市场信息不对称的现状，也能改变劣币驱逐良币的"柠檬市场现象"。制定共享协议法规，负责共享协议执行、管理。

8.3.3.3　组织信息平台的交易方式

建立公共信息平台，在市场缺乏运输集成发起者时，相关政府部门及国有运输企业可以暂时充当这一角色，负责公共信息平台的建设和管理，利用自身的公信力网罗分散的个体承运商。鼓励企业推广使用互联网、GPS、GIS、ITS以及条形码等技术，发挥信息系统的作用。

8.3.3.4　负责标准化制定

我国道路运输要想实现信息化，首先要实现标准化，如一些配送服务、联运服务、信息查询、流程设计、仓单质押等这些新的服务方式目前都没有服务标准。政府公共信息平台是一个通用性开放组织，任何企业都可加盟平台系统，成为组织中的一员。它所提供的功能服务是通用的，有着相对固定不变的交易条件和方式。要使信息平台具有较好的通用性和共用性，就要求它所提供的功能服务是标准化的、规范化的，同时还要求它具有统一的行为规则。统一的、相对固定的运行规则使得企业与平台的合作不需要进行繁琐的交易程序，只需照章办理即可，这可以大大降低整个产业生产经营活动的交易成本。并且运输活动中可标准化通用化业务的规模越大，对信息平台的需求也越大，信息平台的运行效率也会越高。

8.4　进一步研究的问题

由于时间、精力和能力的限制，本书还有许多问题值得进一步研究。

（1）由于道路货物运输分散经营下运输企业车辆运用效率指标难以统计分析，更难以计量，本书对道路货物运输中间性组织模式及效益进行了深入分析，但在分析的过程中更偏重于定性研究。对道路货物运输中间性组织提高运输资源利用率评价没有建立评价指标体系，缺乏从定量方面对资源整合效果的研究。

（2）网络组织也有其产生、成熟、衰退的过程，并存在网络边界，本书提出了道路货物运输中间性组织的三种具体模式，但是没有对三种网络组织的演化过程，以及每种组织的最优规模进行分析，也没有办法得出道路货物运输中间性组织最优边界。

（3）理论分析和发达国家的发展实践都证明发展成熟运输业务集成商是整合道路货物运输资源的有效方式，但是随着道路货物运输组织向单核心网络发展，市场集中度的提高，是否会形成寡头垄断的市场结构，破坏分工效益，这一问题本书没有涉及。

这些都是今后可深入研究的方向。

参考文献

[1] 荣朝和. 关于运输经济研究基础性分析框架的思考框架 [J]. 北京交通大学学报, 2009 (4): 1-9

[2] 杨蕙馨, 冯文娜. 中间性组织的组织形态及其相互关系研究[J]. 财经问题研究, 2005 (9): 55-61

[3] 荣朝和. 重视基于交通运输资源的运输经济分析 [J]. 北京交通大学学报, 2006 (4): 1-7

[4] 李剑锋, 张顺义. 道路货运市场结构优化策略 [J]. 综合运输, 2003 (10): 9-10

[5] 戴定一. 道路货物运输市场进入新发展时期 [J]. 运输经理世界, 2005 (1): 18-20

[6] 王玉辉. 道路货运市场交易问题的经济学分析 [J]. 综合运输, 2007 (7): 58-60

[7] 马银波. 中国道路货运市场结构优化途径与对策 [J]. 长安大学学报: 社会科学版, 2006 (1): 10-14

[8] 翟学魂. 运输行业的现状、变革与未来 [C]. 第二次全国城市物流园区 (基地, 中心) 交流研讨会暨第八次中国物流专家代表手册, 2004

[9] 翟学魂. 中国公路运输市场: 回顾及展望 [J]. 中国储运, 2010 (2): 4-9

[10] 李文娟, 王强. 道路货运市场的信息不对称及其对策 [J]. 综合运输, 2006 (5): 73-74

[11] 郭林. 我国道路货物运输市场信息不对称现象及对策 [J]. 湖

北经济学院学报，2009（6）：45－47

　　［12］韩亮，张江英．国内道路货物运输市场管理模型探索［J］．交通企业管理，2009（6）：32－33

　　［13］严季．我国货运发展战略若干问题研究［D］西安：长安大学博士论文，2006

　　［14］王建伟，颜飞．公路运输经济管制［M］．北京：中国财政经济出版社，2007

　　［15］叶建群．构筑新型货运市场机制——兼谈中等城市货物运输市场发展战略［J］．综合运输，2000（5）：24－28

　　［16］叶忠惠．道路货物运输大型化对降低运输成本的影响［J］．公路与汽运，2009（1）：45－47

　　［17］张圣忠，徐敏，吴群琪．论中国道路货物运输供给的结构性失衡［J］．长安大学学报：社会科学版，2005（9）：16－19

　　［18］张月鹏．道路货物运输企业如何走出"伯川德悖论"［J］．交通标准化，2006（6）：22－26

　　［19］无锡市交通运输协会，宜兴市交通运输协会．对交通货运企业走出困境的思考［J］．江苏交通，1998（6）：26－28

　　［20］戴定一．道路货物运输亟待解套［J］．货运车辆，2007（2）：52－55

　　［21］马银波．汽车货运行业市场结构与经济绩效关系的实证分析［J］．长安大学学报：社会科学版，2004（6）：34－38

　　［22］荣朝和．从网络经济看铁路改革和行业监管［J］．中国铁路，2002（3）：22－25

　　［23］崔红建，马天山．中国道路货物运输运营组织模式与政府经济管制［J］．西安：长安大学学报，2010（3）：13－19

　　［24］吴光举．道路运输企业规模经济研究［D］．西安：长安大学学位论文，2004

　　［25］颜飞，王建伟．对运输业网络经济的探讨［J］．铁路运输与经济，2008（2）：1－3

　　［26］朱文英，马天山．道路货物运输企业价值链理论及其优化策略

研究［J］．武汉理工大学学报：社会科学版，2010（2）：77－80

［27］童燕．中国道路货物运输产业组织与变迁研究［D］．上海：复旦大学学位论文，2009

［28］夏明学．道路运输产业组织结构研究［D］．西安：长安大学学位论文，2004

［29］王丙毅．网络经济下规模经济的新特点与规模经济理论创新［J］．经济问题，2005（1）：20－25

［30］汪涛．网络经济运行机制探讨［J］．改革与战略，2002（7/8）：63－67

［31］武心莹．论网络经济对企业规模影响的弱化［J］．江西社会科学，2001（11）：31－36

［32］周耀列，葛洪磊．道路货物运输业中个体运力的整合［J］．中国物流与采购，2005（9）：54－56

［33］翟学魂．全国普通货物公路运输市场分析与展望［J］．中外物流，2007（4）：19－21

［34］王烁．道理货运规模化问题浅析［J］．交通企业管理，2006（2）：31－32

［35］牛永亮．道路货物运输交易市场现代物流模式及运行机制[J]．长安大学学报：社会科学版，2006（3）：41－45

［36］陈鹏，郗恩崇，方静．供应链管理下的道路货运组织合理化［J］．中国物流与采购，2009（9）：66－67

［37］李金辉，李旭宏，何杰．道路货物运输信息服务业产生机理与竞争策略研究［J］．交通与计算机，2007（3）：47－50

［38］徐双应．道路货物运输交易的现状及发展途径［J］．综合运输，2004（4）：56－58

［39］亚当·斯密．国富论［M］．谢宗林，李华夏，译．台北：先觉出版社，2000

［40］亚当·斯密．国民财富的性质和原因的研究：上卷［M］．郭大力，王亚南，译．北京：商务印书馆，1999

［41］马克思．资本论:第1卷[M]．北京:人民出版社,1975

［42］马克思，恩格斯. 马克思恩格斯全集：第 23 卷［M］. 北京：人民出版社，1975

［43］马克思，恩格斯. 马克思恩格斯全集：第 47 卷［M］. 北京：人民出版社，1975

［44］科斯. 企业、市场与法律［M］. 盛洪，等译校. 上海：上海三联书店，1990

［45］迈克尔·迪屈奇. 交易成本经济学——关于公司的新的经济意义［M］. 北京：经济科学出版社，1999

［46］桃一陶. 科斯与交易费用理论［J］. 特区经济，2000（9）：38 – 43

［47］张五常. 交易费用的范式［J］. 社会科学战线，1999（1）：1 – 9

［48］奥利弗·E. 威廉姆森. 治理机制［M］. 上海：商务印书馆，2001

［49］杨小凯. 当代经济学与中国经济［M］. 北京：中国社会科学出版社，1997

［50］杨小凯，黄有光. 专业化与经济组织［M］. 北京：经济科学出版社，1999

［51］杨小凯. 专业化与经济组织：一种新兴古典微观经济学框架［M］. 北京：经济科学出版社，1997

［52］杨小凯，张永生. 新兴古典经济学和超边际分析［M］. 北京：中国人民大学出版社，2000

［53］今井贤一. 内部组织的经济学［M］. 金洪云，译. 香港：香港三联书店，2004

［54］欧志明，张建华. 企业网络组织及其理论基础［J］. 华中科技大学学报，2001（8）：78 – 84

［55］丸川知雄. 关于集团中间组织产生的理论依据［J］. 中国工业研究，1992（9）：23 – 28

［56］陈红儿，刘斯敖. 中间性组织理论评析［J］. 经济学动态，2003（7）：80 – 83

［57］杨蕙馨，冯文娜. 中间性组织研究［M］. 北京：经济科学出版社，2005

［58］赵红军. 交易效率、城市化与经济发展［D］. 上海：复旦大学学位论文，2005

［59］欧国立. 运输产品性质论［J］. 中国铁路，2004（10）：33 - 34

［60］欧国立. 运输市场学［M］. 北京：中国铁路出版社，2005：20 - 23

［61］欧国立. 基于三维层面的综合交通运输认识论［J］. 综合运输，2008（7）：4 - 8

［62］丹尼尔·F. 斯帕尔伯. 市场的微观结构：中间层组织与厂商理论［M］. 北京：中国人民大学出版社，2002

［63］荣朝和. 企业的中间层理论以及中间层组织在运输市场中的作用［J］. 北京交通大学学报：社会科学版. 2006（9）：1 - 5

［64］杨涛，荣朝和. 企业的中间层理论述评［J］. 北京交通大学学报：社会科学版. 2007（12）：1 - 6

［65］杨春和，张文杰. 基于交易效率的物流产业地理集聚分析［J］. 生产力研究，2008（8）：99 - 101

［66］张维迎. 博弈论与信息经济学［M］. 上海：上海人民出版社，2004：214 - 223

［67］荣朝和. 关于运输业规模经济和范围经济问题的探讨［J］. 中国铁道科学，2001（4）：100 - 105

［68］吴昊. 交通运输对农业交易效率的影响［D］. 北京：北京交通大学博士学位论文，2005

［69］杨新铭，任一. 中间性组织的产生：一个演化博弈模型［J］. 山西财经大学学报，2009（3）：1 - 7

［70］杨瑞龙，冯健. 企业间网络的效率边界——经济组织逻辑的重新审视［J］. 中国工业经济，2003（11）：5 - 10

［71］邱毅，郑勇军. 交易效率、运输成本、产业集群与中心市场生成［J］. 商业经济与管理，2010（7）：11 - 17

［72］帅萍，孟宪忠. 不完全契约理论下企业间的交易效率［J］. 财经科学，2007（3）：82 - 88

［73］交通运输管理改革［M］. 北京：人民交通出版社，1992

［74］中国交通年鉴：1988，1989［M］. 北京：人民交通出版社，

1988/1989

[75] 严季. 我国道路发展战略若干问题研究 [D]. 西安：长安大学硕士学位论文，2004

[76] 吴彪，臧杰，庞然. 基于现代物流理论的公路快速货物运输组织 [J]. 交通科技与经济，2008（1）：23－25

[77] 苏志远，周晓光，廖启征. 统一的物流信息平台探析 [J]. 物流技术，2005（8）：67－69

[78] 姚小涛，席酉民. 企业与市场相结合的中间组织及其博弈分析 [J]. 西安交通大学学报，2001（6）：42－47

[79] 戴勇. 基于双边市场理论的第四方物流平台运营策略研究 [J]. 商业经济与管理，2010（2）：12－15

[80] 庆蓝新，韩晶. 网络组织成员合作的稳定性模型分析 [J]. 财经问题研究，2006（6）：49－51

[81] 刘炯艳. 基于协同理论的物流管理——协同物流管理 [J]. 改革与战略，2006（4）：29－32

[82] 耿雪霏，刘凯，吕广显. 协同运输管理：新型供应链管理模式 [J]. 综合运输，2007（1）：39－42

[83] 闫二旺. 网络组织的机制、演化与形态 [J]. 当代财经，2005（1）：69－72

[84] 卢福财，胡平波. 网络组织成员合作的声誉模型分析 [J]. 中国工业经济，2005（2）：73－79

[85] 李孝忠，李秋. 一种基于神经网络的运输问题优化方法 [J]. 天津科技大学学报，2008（9）：43－46

[86] 牛永亮. 道路货物运输交易市场现代物流模式及运行机制 [J]. （西安）长安大学学报，2006（11）：13－18

[87] 高树亭. 国外道路运输信息化发展现状和趋势 [J]. 交通标准化，2005（4）：61－63

[88] 陈向东. 道路货运业物流发展模式的指导制度经济分析 [D]. 长春：吉林大学博士学位论文，2007

[89] 吴守荣. 山东省公路货物运输系统管理研究 [J]. 系统工程理

论与实践，1999（11）：46-48

　　[90] 王玉辉，郗恩崇. 对我国道路货运问题的经济学审视 [J]. 综合运输，2006（12）：26-29

　　[91] 荣朝和. 运输发展理论的近期进展 [J]. 中国铁道科学，2001（3）：2-7

　　[92] 汪鸣. 对公路运输发展问题的再认识 [J]. 物流技术与应用，2009（4）：68-72

　　[93] 戴勇. 基于双边市场理论的第四方物流平台运营策略研究[J]. 商业经济与管理，2010（2）：12-15

　　[94] 张维迎. 中间组织降低交易费用的模型论证 [J]. 山东经济，2007（5）：56-59

　　[95] 赵翰林. 跨地区运输集团的组建与运作 [J]. 中国道路运输，2004（6）：14-15

　　[96] 李新春. 企业联盟与网络 [M]. 广州：广东人民出版社，2000

　　[97] 王耀忠. 网络组织的结构及协调机制研究 [J]. 系统工程理论方法应用，2002（1）：60-62

　　[98] 沉厚才，陶青，等. 供应链管理理论与方法 [J]. 中国管理科学，2000（1）：16-18

　　[99] 贾根良. 劳动分工、制度变迁与经济发展 [M]. 天津：南开大学出版社，1999

　　[100] 杨小凯. 经济学：新兴古典与新古典框架 [M]. 北京：社会科学文献出版社，2003

　　[101] 李必强，郭岭. 产业平台与平台化生产经营模式研究 [J]. 科技进步与对策，2005（5）：22-24

　　[102] H. 哈肯. 高等协同学 [M]. 郭治安，译. 北京：科学出版社，1989

　　[103] 吴彤. 论协同学理论方法——自组织动力学方法及其应用 [J]. 内蒙古社会科学，2000（11）：19-26

　　[104] 陈宏民，胥莉. 双边市场——企业竞争环境的新视角 [M]. 上海：上海人民出版社，2008

［105］刘静波．产业竞合：合作博弈、网络平台与制度条件［M］．上海：上海财经大学出版社，2010

［106］汪涛．网络经济运行机制探讨［J］．改革与战略，2002（7/8）：63 - 67

［107］武心莹．论网络经济对企业规模影响的弱化［J］．江西社会科学，2001（11）：47 - 51

［108］王烁．道路货运规模化问题浅析［J］．交通企业管理，2006（2）：31 - 32

［109］翁垒．我国道路运输信息网建设研究［D］．西安：长安大学硕士学位论文，2001

［110］张行安．道路货物运输资源合理配置理论研究［D］．西安：西安公路交通大学博士学位论文，2000

［111］傅忠宁．道路货运业市场行为分析与运力结构调整［D］．长春：吉林大学硕士学位论文，2008

［112］陈欢，孙有望．试论城市道路货运信息平台的建设［J］．今日科技，2005（11）：4 - 7

［113］于傑．关于北京道路货运行业物流信息化的调研报告［J］．道路交通安全，2003（5）：34 - 38

［114］李祥义，王亚玲．道路货运信息区域网络研究［J］．综合运输，2000（12）：15 - 17

［115］陈日韦．公路运输企业组织发展与集约化经营研究［D］．西安：西安公路交通大学硕士学位论文，2000

［116］徐晋．平台经济学——平台竞争的理论与实践［M］．上海：上海交通大学出版社，2007

［117］李斌．中间层理论、厂商性质与治理机制研究［J］．中国软科学，2003（8）：74 - 78

［118］赵时亮．时空观对经济学的影响［J］．理论界，2005（10）：71 - 73

［119］Williamson O E. Market and Hieraachies：Analysis and Antitrust Implications［M］. New York：Free Press，1975

[120] Teodor Grainic Crainic, Jean - Marc Rousseau. Multicommodity, Multimode Freight Transportation: A General Modeling and Algorithmic Framework for the Service Network Design Problem [J] . Transportation Research Part B: Volume 20, Issue 3, June 1986: 225 - 242

[121] Teodor Gabriel Crainic, Jacques Roy. OR Tools for Tactical Freight Transportation Planning [R] . Seventh European Congress on Operational Research, Bologna, Italy, June 1985

[122] Teodor Gabriel Crainic, Gilbert Laporte. Planning Models for Freight Transportation [J] . European Journal of Operational Research, Volume 97, Issue 3, 16 March 1997: 409 - 438

[123] Ahmet Tortum, Nadir Yayla, Mahir Gökdag. The Modeling of Mode Choices of Intercity Freight Transportation with the Artificial Neural Networks and Adaptive Neuro - fuzzy Inference System [J] . Expert Systems with Applications, Volume 36, Issue 3, Part 2, April 2009: 199 - 6217

[124] Beuthe Michel, Jourquin Bart. Freight Transportation Demand Elasticities: A Geographic Multimodal Transportation Network Analysis [J] . Transportation Research Part E: Logistics and Transportation Review, 2001, 37 (4): 253 - 266

[125] Field Mary. Highway Intermodal Freight Transportation: A Policy and Administration Challenge for the New Millennium [J] . Review of Policy Research, 2002, 19 (2): 80 - 91

[126] Amelia C Regan, Thomas F Golob. Trucking Industry Demand for urban Shared Use Freight Terminals [J] . Transportation Journal, 2005 (32): 23 - 36

[127] Toshinori Nemoto. Area - wide Inter - carrier Consolidation of Freight in Urban Areas [J] . Transport Logistics, 1997 (12): 87 - 101

[128] Frans Cruijssen, Wout Dullaert, Tarja Joro Freight Transportation Efficiency through Horizontal Cooperation in Flanders [J] . International Journal of Logistics Research and Applications, Volume 13, Issue 3, 2010 (6):

161 – 178

[129] Karen Renee, Smilowit Karen, Renee Smilowit. Design and Operation of Multimode, Multiservice Logistics System [D] . Berkeley: University of California, 2001

[130] Jonathan L Gifford, Odd J. Stalebrink. Remaking Transportation organizations for the 21st Century: Consortia and the Value of Organizational learning [J] . Stalebrink Transportation Research Part A: Policy and Practice, Volume 36, Issue 7, 2002 (8): 645 – 657

[131] Konstantinos G Zografos, Ioanna M. Giannouli. Emerging Trends in Logistics and Their Impact on Freight Transportation Systems: A European Perspective [R] . Transportation Research Record: Journal of the Transportation Research Board, Volume 1790, 2002

[132] Amelia C Regan, Thomas F. Golob. Trucking Industry Demand for Urban Shared Use Freight Terminals [J] . Transportation Journal, 2005 (32): 23 – 36

[133] Williamson O E. The Economic Institution of Capitalim [M] . New York: Free Press, 1985

[134] Williamson O E. The Vertical Integration of Production: Marker Failure C onsideration. American Economic Review [J], 1991 (5): 112 – 123

[135] Richard Larson. The Hand Shake between Invisib Leand Visible Hands [J] . Studies of Mgo and org, Vol. 23, No. 1, M. E. SharPe Inc: 87

[136] Williamson O E. The Economic Institutions of Capitalism [M] . New York: The Free Press, 1985

[137] G B. Richardson The Organization of Industry [J] . The Economic Journal, September, 1972 : 883 – 896

[138] Richard Larsson. International Studies of Management and Organization [M] . M E Sharpe, 1993

[139] Kreps D P, Milgrom J Roberts, Wilson R. Rational Cooperation in the Finitely Repeated Prisoners Dilemma [J] . Journal of Economic Theory,

1982 (27): 245 – 252

[140] Federal Motor Carrier Act. Columbia Law Review [M].
Vol. 36, No. 6, 1936

[141] Anthony F Herbst, Joseph S K. Some Evidence of Subsidization:
The U. S. Trucking Industry, 1900 – 1920 [M]. The Journal of Economic
History. Vol. 33, No. 2, 1973

[142] Boyer, Kenneth. Principles of Transportation Economics [M]
. Southern Economics Journal, Vol. 59, January 1998

[143] Crum Michael D. The Expand Role of Motor Frieight Brokers in
the Wake of Regulatory Reform [J]. Transportation Journal, Summer 1985:
5 – 15

[144] Friedlaender A F, Harrington I. Intermodalism and Intergrated
Transport Companies in the United States and Canada [M]. Journal of
Transport Economics and Policy, September. 2009

[145] Grimm C T, Corsi J, Jarrell. U. S Motor Carrier Cost Structure
Under Deregulation [M]. Logistics and Transportation Review, Vol. 25,
No. 3, 2001

[146] Williamson O E. The Economic Institutions of Capitalism [M].
New York: The Free Press, 1985

[147] Danniel F Spulber. The Market Makers [M]. Irwin : Mc –
Graw – Hill Companies , 1998

[148] Danniel F Spulber. Transaction Innovation and the Role of the
Firm [C]. In the Economics of the Internet and E – Commerce. JAI/
Elsevier Science , 2002

[149] Danniel F Spulber. Networks and Two Sided Markets [C]. In
the handbook of economics and information systems. Elsevier , 2006

[150] Danniel F Spulber. Market Microstructure: Intermediaries and
the Theory of the Firm [M]. Cambridge University Press , 1999

[151] Federal Motor Carrier Act. Columbia Law Review [M].
Vol. 36, No. 6, 1936

[152] Charles L Wright. Issues in Freight Transportation Regulation: Comment [J]. AmericanJournal of Agricultural Economics, Vol. 64, No. 1, 1983: 162 – 166

[153] Armstrong M. Competition in Two – sided Markets [J]. The RandJournal of Economics. Autumn 2006, (37): 668 – 691

[154] Rochet J, Tirole J. Defining two – sided markets [D]. Working-Paper, IDEI, University of Toulouse, 2004

[155] Hakansson H, Snehota I. Developing Relationshipin in Business Networks Routledge [M]. London: Routledge 1995

[156] Stanley E F. Logistics Measure and Performance for United States Mexican Operations Under NAFTA [J]. Transportation Journal , 1995 , 34 (3): 11 – 21

[157] Anthony F Herbst, Joseph S K. The Journal of Economic History. Vol. 33, No. 2, 1973: 417 – 433

[158] Dennis Maillat , et al. Innovation Networks and Territorial Dynamics: A Tentative Typology, Johanssonetal. eds [M]. Patterns of a Newtwork Economy , Springer – Verlag, 1993

[159] Keith W Glaister, Peter J Buckley. Strategic Motives For International Alliance Formation [M]. Journal of Management studies, 1996

[160] Charles L Wright. Issues in Freight Transportation Regulation [M]. Comment American Journal of Agricultural Economics, Vol. 64, No. 1, 1983

[161] Rochet JC. Rochet, Tirole J. Two – sided Markets: A Progress Report [M] The RAND Journal of Economics, 2006

[162] Haken H. A dvanced Synergetics [M]. An Introduction, 2nded, Berlin, Springer, 1987

[163] Teodor Gabriel Crainic, Michel Gendreau , Jean – Yves Potvin. Intelligent Freight – transportation Systems: Assessment and the Contribution of Operations Research [J]. Transportation Research Part C 17, 2009: 541 – 557

[164] Pruttipong Apivatanagul, Amelia C Regan. Long Haul Freight Network Design Using Shipper – carrier Freight Flow Prediction: A California Network Improvement Case Study [J]. Transportation Research Part E: Logistics and Transportation Review, Volume 46, Issue 4, July 2010: 507 – 519

[165] Jean Claude Thill. Geographic Information Systems for Transportation in Perspective Transportation Research [J]. Emerging Technologies, Volume 8, Issues 1 – 6, February, 2000: 3 – 12

[166] Giannopoulos G A. The Application of Information and Communication Technologies in Transport [M]. European Journal of Operational Research, Volume 152, Issue 2, January 2004

[167] Rohit Vemra, Mdaeleine E Pullmna. An Analysis of the Supplier Selection Poreess [M]. Omega, Int. J. MgmtSei, 1998

[168] Prahalda, Hamel. The Core Competence of the Corporration [J]. Hvarard Business review, May – June 1990: 78 – 92

[169] Alchian A A, Demsetz H. Production, Information and Economic Organization [J]. American Economic Review, 1972 (62): 777 – 795

[170] Ahuja M. Network Structure in Virtual Organization [R]. Working Paper, http://www.ascuse.org, 2002

[171] Grandori A. An Organizational Assessment of Interfirm Coordination Modes [J]. Organization Studies, 1997, Vol. 18 (6): 897 – 925

[172] Rakowski, James P. Maketing Economics and the Results of Trucking Devegulation in the Less – than – Truckload Sector [M]. Transportation Jourmal, Vol. 27, No. 3, Spring 2008

[173] Willianmson O E. Markets and Hierarchies: Anti – trust Implictions [M]. The Free Press, 1975

[174] Willianmson, Olive. Comparative Economics Organization: The Analysis of Discrete Structure Alternatives [J]. Administrative Science Quarterly, 1991 (36): 269 – 296

后　记

本书是在我的博士学位论文基础上修改而成的。北京交通大学美丽的校园留下了我艰辛的求学历程，物流及运输经济的研究博大精深，在这所百年老校求索学术真理，对我的一生产生了深厚的影响。在本书出版之际，我首先要感谢我的导师欧国立教授对我的辛勤培养，感谢欧老师的知遇之恩，是他把我带入运输经济学的殿堂，教会了我经济学的研究方法和逻辑思维方式。在写作过程中，导师安排我到各类物流企业、物流和运输的研究机构进行调研、实习，为我的研究提供了实践支撑。

在学习期间，北京交通大学荣朝和教授孜孜不倦的求索精神、严谨的治学态度、敏锐的学术洞察力及一直以来对我的关心鼓励对我产生了极大的影响。在本书写作过程中，北京交通大学刘凯教授给予了我无私的帮助和指导。他从文中基本观点到专业术语准确性字斟句酌地批阅指导，他的长者风范和学者的睿智令我敬佩不已。交通部科学研究院顾敬岩研究员多次从物流实际工作中给我答疑解惑。在此，向这些专家学者表示由衷的感谢！

同时，感谢北京交通大学赵坚教授、汝宜红教授、林玳玳教授、穆东教授、纪寿文教授，中国人民大学许光建教授等对我的研究提出的宝贵意见。感谢交通部公路科学研究院、交通部科学研究院、招商集团易通交通信息发展有限公司、首发物流集团、内蒙古交通信息中心等单位在论文写作过程中提供的调研和帮助。感谢逄诗铭、王卫华、赵源、李晨阳、金懋、薛辉、姚影、刘卫华、高小博、王杨堃等同学，感谢他们在我的研究过程中给我的启发和建议及在生活中给予的关心和帮助，是他们让我的学习生活更丰富多彩。

　　在写作过程中我参阅了大量的文献资料。这些资料对我启迪颇多，在此向参阅资料的所有作者表示感谢！

　　最后，我要感谢我的家人和朋友多年的支持。感谢我的丈夫邢占文，他一边繁忙地工作一边承担着家庭的重任，并在我学习过程中一直给予我鼓励、支持和帮助。感谢我的女儿邢金轩，在我求学的几年中，经常不能陪在孩子身边，也没有陪伴孩子一起玩耍、学习，女儿以她的懂事、独立给了我最大的宽容和理解，并健康、快乐地成长着。感谢我的父亲魏姜平、母亲岳桂莲，他们替我承担了太多本应该由我承担的责任，让我安心学习。感谢同事、朋友们的支持、理解与关爱，他们的期望激励着我前行。谨以此书献给我的家人，以表达我深深的爱。

　　本书由内蒙古财经学院资助出版。

魏　娟

2011 年 11 月于内蒙古呼和浩特市